가화만사성

하나님 말씀의 이해를 돕는 故事成語

家和萬事成
(가화만사성)

전종문 지음

예찬사

　한자(漢字) 문화권에 사는 우리에게 고사성어(故事成語)는 역사를 뛰어넘어 매우 익숙해져 있다. 우리의 언어생활에 끼어들어 널리 사용되고 있는 것이다. 이를 통하여 우리는 선인(先人)들의 많은 지혜와 생활인으로서 갖추어야 할 교양을 얻고 있다. 다시 말하면 고사성어는 우리의 사회생활에 밀접할 뿐만 아니라 지금도 많은 영향을 주고 있다.

　나는 여기에 착안하였다. 이 교훈들이 하나님의 말씀을 전하는 데 도움이 될 수는 없을까, 생각해 본 것이다. 가능할 것 같았다. 그래서 고사성어 하나하나를 하나님의 말씀을 이해시키는 도구와 방법으로 접목시키기에 이른 것이다. 내 목회 현장에서의 임상실험에서는 효과가 있었다. 흥미를 유발하기도 했다. 그동안 내가 강단에서 사용했던 것을 모아서 이렇게 한 권의 책으로 엮게 되었다. 앞으로도 이 작업은 계속될 것이다. 그렇다.

우리는 복음을 효과적으로 전하기 위해서 가능한 모든 방법을 모색해야 한다.

나는 이 책을 읽는 분들이 고사성어가 본래 가지고 있는 의미도 이해하면서 하나님의 말씀을 효과적으로 전하는 데 본서를 잘 사용하기 바란다. 교양을 위해서나 하나님의 말씀을 이해하는 데 있어서 이 책이 누구에게든지 도움을 줄 수 있겠지만 특별히 지도자들이 설교나 교육 현장에서 다양하게 활용할 수 있으리라고 믿는다. 조금이라도 유익이 되었으면 하는 바람이다.

이 책이 빛을 볼 수 있도록 도와주신 수유중앙교회와 특별히 박영만 장로님의 사랑에 감사를 드린다.

- 2012년 2월
삼각산 아래 목양실에서
魚隱 전종문

目次 ■목차

머리말 _ 5

제1부
가화만사성

- 가화만사성(家和萬事成) _ 13
- 검이양렴(儉以養廉) _ 18
- 과유불급(過猶不及) _ 22
- 관포지교(管鮑之交) _ 26
- 근묵자흑(近墨者黑) _ 30
- 근하신년(謹賀新年) _ 34
- 기우(杞憂) _ 40
- 남가일몽(南柯一夢) _ 44
- 낭중지추(囊中之錐) _ 47

제2부
다기망양

- 다기망양(多岐亡羊) _ 53
- 다다익선(多多益善) _ 58
- 단장(斷腸) _ 62

- 대공무사(大公無私) _ 65
- 대기만성(大器晚成) _ 69
- 덕불고 필유린(德不孤 必有隣) _ 73
- 동가식 서가숙(東家食 西家宿) _ 77
- 마부작침(摩斧作針) _ 80
- 맹모단기지교(孟母斷機之敎) _ 83
- 맹모매육(孟母買肉) _ 87
- 미생지신(尾生之信) _ 90

제3부
반포지효

- 반포지효(反哺之孝) _ 97
- 배수지진(背水之陣) _ 101
- 백년하청(百年河淸) _ 104
- 백문불여일견(百聞不如一見) _ 108
- 백인(百忍) _ 112
- 백전백승(百戰百勝) _ 116
- 부화뇌동(附和雷同) _ 120
- 불광불급(不狂不及) _ 123
- 사면초가(四面楚歌) _ 127

- 사이비(似而非) _ 131
- 새옹지마(塞翁之馬) _ 135
- 선시어외(先始於隗) _ 139
- 수주대토(守株待兎) _ 142
- 순망치한(脣亡齒寒) _ 145
- 십시일반(十匙一飯) _ 148

제4부
안거위사

- 안거위사(安居危思) _ 155
- 양두구육(羊頭狗肉) _ 160
- 양상군자(梁上君子) _ 163
- 어부지리(漁父之利) _ 167
- 역지사지(易地思之) _ 171
- 오십보 백보(五十步 百步) _ 174
- 온고지신(溫故知新) _ 178
- 와신상담(臥薪嘗膽) _ 181
- 우공이산(愚公移山) _ 186
- 음하만복(飮河滿腹) _ 190
- 일어탁수(一魚濁水) _ 194

제5부
전차복철

- 전차복철(前車覆撤) _ 201
- 절영지령(絶纓之令) _ 205
- 조강지처(糟糠之妻) _ 209
- 조삼모사(朝三暮四) _ 213
- 조장(助長) _ 217
- 줄탁동기(啐啄同機) _ 221
- 중석몰족(中石沒鏃) _ 224
- 지피지기 백전불태(知彼知己 百戰不殆) _ 227
- 진퇴양난(進退兩難) _ 231
- 천재일우(千載一遇) _ 235
- 타산지석(他山之石) _ 239
- 파죽지세(破竹之勢) _ 243
- 학철부어(涸轍鮒魚) _ 248
- 화씨지벽(和氏之璧) _ 252

제1부
가화만사성

가화만사성
검이양렴
과유불급
관포지교
근묵자흑
근하신년
기우
남가일몽
낭중지추

가화만사성 (家和萬事成)

"여호와를 경외하며 그의 길을 걷는 자마다 복이 있도다 …… 네게 복을 주실지어다 너는 평생에 예루살렘의 번영을 보며 네 자식의 자식을 볼지어다 이스라엘에게 평강이 있을지로다." (시 128:1~6)

요즈음도 "家和萬事成"이란 글을 액자에 넣어서 집 안에 걸어두는 가정이 있다. 가정의 화목을 기원하는 의미일 것인데 이 말은 "자효쌍친락(子孝雙親樂), 가화만사성(家和萬事成)"에서 나온 말이다. 명심보감(明心寶鑑), 치가편(治家篇)에 나오는 말로 "자식이 효도하면 양친이 즐겁고 가정이 화목하면 만사가 이루어진다."라는 뜻이다.

명심보감은 고려 충렬왕 때 명신(名臣) 추적(秋適)이 중국 고전에서 보배로운 말이나 글, 163항목을 가려서 편집한 책인데 조선시대에 어린이들의 인격수양을 위한 한문교양서로 널리 쓰였다.

진정 가정의 행복은 화목에 있고 가정이 화목할 때 도모하는 일들이 수월하게 이루어진다. 싸우는 집안을 생각해 보라. 무슨 일을 공동으로 추구할 수 있으며 추구한다 할지라도 이룰 수 있겠는가.

하나님께서 사람들에게 가정제도를 주신 것은 큰 선물이요, 축복이 아닐 수 없다. 처음에 하나님은 흙으로 사람을 지으시고 그 코에 생기를 불어넣어 생령이 되게 하였다.(창 2:7) 이 사람이 하나님 자신의 형상으로 창조된 피조물이고 생육하고 번성하여 땅에 충만하라는 복을 받은 존재다.(창 1:27~28)

그러나 사람이 혼자 사는 것이 좋지 아니하여 하나님은 그를 돕는 배필을 지었다. 아담을 깊이 잠들게 한 다음 그에게서 갈빗대 하나를 취하여 여자를 만든 것이다.(창 2:21~22) 이리하여 남자가 부모를 떠나 그의 아내와 합하여 둘이 한 몸을 이루는 결혼제도를 창시하였으니 가정은 그렇게 탄생된 것이다.(창 2:24)

중요한 것은 이 가정제도는 인간의 행복을 위하여, 인간이 범죄 하기 전에 세워진 제도이고, 인간에게 주어진 맨 처음 공동체이고, 모든 사회의 기초가 된다는 점이다. 따라서 이 가정들이 화목하고 건강하면 그 사회가 건강하고, 이 가정들이 불화

하고 쇠약할 때 그 사회도 어지럽고 병들 수밖에 없는 것이다. 우리의 가정들을 건강하게 지켜 나갈 이유가 여기에 있는 것이다.

그런 의미에서 오늘날 우리 가정들이 파괴되는 현상은 그 어떤 이유를 붙인다 해도 옳다 할 수 없다. 만약 어떤 사람이 행복을 자신에게 주어진 가정 밖에서 찾으려 한다면 그는 벌써 어리석은 사람이다. 단언하건대 행복은 가정 밖에 없다. 자기 가정을 깨고 밖에서 얻으려 한다면 바람을 잡으려 하는 것과 같은 무모한 생각을 하고 있는 것이다.

진정 행복을 원한다면 수단과 방법을 다해서 가정을 잘 지켜야 한다. 참아야 한다. 책임을 느껴야 한다. 그리고 가족을 사랑하고 가정을 위하여 희생해야 한다. 인간에게는 이런 가족과 가정을 위한 최선의 노력이 곧 행복이 된다. 행복은 결코 멀리 있는 게 아니다. 하나님의 창조 원리를 알고 그 뜻대로 누리는 사람에게 주어지는 아주 소박한 것이다.

먼저 부부는 겸손하라. 자신들의 부족을 인정해야 한다. 아내는 자신이 '남편을 돕는 배필'임을 인정해야 한다. 남편은 자신이 아내의 도움을 필요로 하는 부족한 존재임을 인식해야 한다. 그리고 부부는 공히 우리 부족한 사람이 서로 도와서 온전을 향하여 가야 한다고 굳게 믿어야 한다.

남편과 아내는 인격적으로 동등하다. 양성은 평등한 것이다. 단, 일을 위해서는 선후가 있듯이 효율적인 삶을 위해서 맡은 분야가 다를 수 있고 그것은 결코 인격의 차별이나 계급적인 상하개념이 아님을 알아야 한다.

행복은 결코 남이 가져다주는 것이 아니다. 스스로 느껴야 하는 것이다. 환경이 중요하지만 환경이 곧 행복은 아니다. 오히려 부족한 환경에서도 자족할 줄 알고 감사하며 서로를 배려하고 사랑을 나눌 때 이미 곁에 찾아와 있는 것이다.

그러므로 행복하기를 원한다면 최소한 다음 사항은 지켜야 한다.

- 행복의 근원이신 하나님을 섬기고 그 뜻에 순종하라.
- 부모를 잘 모시고 기쁨을 드려라.
- 부부가 경건과 화목의 모습을 자녀들에게 본으로 보여주라.
- 그들을 노엽게 하지 말라.

- 열심히 그리고 성실하게 일하라.(엡 6:1~4)

시인은 이렇게 노래했다. 적어도 우리의 가정이 이 정도는 되어야 하지 않겠는가.

"여호와를 경외하며 그의 길을 걷는 자마다 복이 있도다 네가 네 손이 수고한 대로 먹을 것이라 네가 복되고 형통하리로다 네 집 안방에 있는 네 아내는 결실한 포도나무 같으며 네 식탁에 둘러앉은 자식들은 어린 감람나무 같으리로다 여호와를 경외하는 자는 이같이 복을 얻으리로다 여호와께서 시온에서 네게 복을 주실지어다 너는 평생에 예루살렘의 번영을 보며 네 자식의 자식을 볼지어다 이스라엘에게 평강이 있을지로다."(시 128:1~6)

검이양렴 (儉以養廉)

"당신이 우리를 속이지 아니하였고 압제하지 아니하였고 누구의 손에서든지 아무것도 빼앗은 것이 없나이다."(삼상 12:4)

선지자와 제사장 역할뿐 아니라 사사(師士)직까지 겸했던 사무엘이 이스라엘의 초대 왕으로 사울을 세우고 자신은 통치자의 자리를 내놓으면서 모든 백성과 사울 왕 앞에서 이렇게 말했다.

"보라 너희가 내게 한 말을 내가 다 듣고 너희 위에 왕을 세 웠더니 이제 왕이 너희 앞에 출입하느니라 보라 나는 늙어 머리가 희어졌고 내 아들들도 너희와 함께 있느니라 내가 어려서부터 오늘까지 너희 앞에 출입하였거니와 내가 여기 있나니 여호와 앞과 그의 기름 부음을 받은 자 앞에서 내게 대하여 증언하라 내가 누구의 소를 빼앗았느냐 누구의 나 귀를 빼앗았느냐 누구를 속였느냐 누구를 압제하였느냐 내 눈을 흐리게 하는 뇌물을 누구의 손에서 받았느냐 그리하

였으면 내가 그것을 너희에게 갚으리라."(삼상 12:1~3)

자식이 없어 설움을 당하던 한나가 하나님 앞에 나아와 눈물을 흘리며 "만일 주의 여종의 고통을 돌보시고 나를 기억하사 주의 여종을 잊지 아니하시고 주의 여종에게 아들을 주시면 내가 그의 평생에 그를 여호와께 드리고 삭도를 그의 머리에 대지 아니하겠나이다."라고(삼상 1:11) 서원 기도하여 얻은 사무엘. 약속대로 젖을 떼자마자 성전에 맡겨져서 자라고 엘리 제사장 이후 늙어 머리가 희어질 때까지 통치권을 행사했던 그가 그 통치권을 이양하면서 이렇게 양심선언을 했을 때 백성들은 하나같이 응답했다.

"당신이 우리를 속이지 아니하였고 압제하지 아니하였고 누구의 손에서든지 아무것도 빼앗은 것이 없나이다."(삼상 12:4)

사무엘은 재임기간 중 진실했고 주어진 권력을 남용하지 않았고 청렴결백했던 것이다. 단 한 사람도 그의 결백과 진실을 부정하는 사람이 없었다. 그렇다면 그는 어떻게 그런 유혹이 많은 자리에 앉아 있으면서도 청렴결백한 삶을 살 수 있었을까?

검이양렴(儉以養廉)이라는 말이 있다. 검소한 생활이 청렴함을 기른다는 뜻이다. 기본적으로 사람이란 호화롭고 사치하며 욕심을 제어하지 못하고 낭비벽이 있다면 청렴결백하게 살 수 없다는 것이다.

사무엘이 검소하게 살 때 남의 것을 빼앗을 필요가 없었다. 그가 자기에게 주어진 환경에 감사하며 만족할 때 뇌물을 받을 필요도, 남을 압제할 필요도 없었다. 그가 진실하게 살 때 남을 속일 필요가 없었을 것이다.

그런데 아합 왕은 어떠했는가? 사치하며 호화롭게 살 때 나봇의 포도원을 욕심냈고 결국 무고한 그를 죽이면서까지 그 포도원을 차지했다. 사치와 욕심이 악행을 하도록 만든 것이다.(왕상 21:1~16) 백성들을 보호하라고 준 권력을 남용하여 오히려 약한 백성의 것을 빼앗고 죽였다. 그렇다. 검소하지 아니하고는 청렴한 사람이 되기 어렵다. 청렴한 사람이 되기 위해서는 먼저 기본적으로 검소함이 생활화되어야 한다.

우리 예수님은 검소하게 사셨다. 여우도 굴이 있고 공중의 새도 거처가 있으되 오직 인자는 머리 둘 곳이 없다고 하셨다.(마 8:20) 보리떡 다섯 개와 물고기 두 마리로 5천 명 이상을 먹일 수 있는 풍성한 분이었지만 "남은 조각을 거두고 버리는 것이 없게 하라."라고 하셨다.(요 6:12) 낭비를 허락지 않으신 것이다.

성경은 욕심을 버리라 한다.

"욕심이 잉태한즉 죄를 낳고 죄가 장성한즉 사망을 낳느니라."(약 1:15)

"부하려 하는 자들은 시험과 올무와 여러 가지 어리석고 해로운 욕심에 떨어지나니 곧 사람으로 파멸과 멸망에 빠지게 하는 것이라."(딤전 6:9)

성경은 사치하지 말라 한다.

"너희의 단장은 머리를 꾸미고 금을 차고 아름다운 옷을 입는 외모로 하지 말고 오직 마음에 숨은 사람을 온유하고 안정된 심령의 썩지 아니할 것으로 하라."(벧전 3:3~4)

검소한 생활이 청렴함을 기른다.

과유불급(過猶不及)

"내게 주신 은혜로 말미암아 너희 각 사람에게 말하노니 마땅히 생각할 그 이상의 생각을 품지 말고 오직 하나님께서 각 사람에게 나누어 주신 믿음의 분량대로 지혜롭게 생각하라."(롬 12:3)

어느 날, 자공(子貢)이 스승인 공자(孔子)에게 물었다. "선생님, 자장(子張)과 자하(子夏) 중 어느 쪽이 더 현명합니까?

자장(子張)이나 자하(子夏), 모두 훌륭한 공자의 제자였다. 공자는 잠시 두 제자를 비교해 본 다음에 "자장(子張)은 아무래도 매사에 지나친 면이 있고 자하(子夏)는 부족한 점이 많은 것 같다."라고 대답해 주었다.

"그렇다면 자장(子張)이 낫다는 뜻입니까?" 자공이 다시 묻자 공자는 답했다. "그렇지 않다. 지나침은 미치지 못한 것과 같다." 공자는 중용(中庸)의 도를 말했던 것이다.

논어(論語), 선진편(先進篇)에 나오는 고사(故事)로 과유불급(過猶不及)이란 "지나침은 모자람만 못하다." 또는 "지나침은 미치지 못한 것과 같다."라는 뜻으로 쓰이는 말이다.

　열심은 좋은 것이다. 그러나 그 열심도 지나치면 자기를 상하게 하고 이웃을 해할 수 있다. 열심은 욕심일 수 있다. 때로 욕심은 열심이라는 옷으로 가장하고 나타날 때가 있다. 욕심을 이루고자 하는 열심은 마땅히 피해야 한다. 욕심이 잉태하면 죄를 낳는 법이다.(약 1:15)

　나와 가까이 지내는 한 사람은 차에 기름을 넣기 위하여 주유소에 가면 "넘치지 않게 가득 넣어 주세요." 하고 부탁을 한다. 물통에 물을 담을 때 넘치게 담을 필요가 없는 것이다. 넘치는 것은 이미 다른 곳으로 흘러 버린 것이요, 내 것이 아니다.

　장수하려면 밥도 조금 부족한 듯 먹어야 한다. 내 어머니는 평소에 우리에게 "한 숟갈 더 먹고 싶을 때 수저를 놓아라."라고 가르치셨다. 이를 실천하신 어머니는 돌아가시는 순간까지 건강하셨다.

　매사 적당한 것이 좋다. 그러나 '적당히' 라는 말은 좋지만 실천하기가 어려운 말이다. 너무 넘치지도 너무 뒤떨어지지도 않는 상태요, 게으르지 않고 부지런하되 지나치지 않은 상태를 말한다. 말도 적당히 해야 하고 마음도 적당히 다스릴 수 있어야 한다. 너무 인색하거나 헤프지 않게 처신해야 한다.

성경은 말씀한다.

"내게 주신 은혜로 말미암아 너희 각 사람에게 말하노니 마땅히 생각할 그 이상의 생각을 품지 말고 오직 하나님께서 각 사람에게 나누어 주신 믿음의 분량대로 지혜롭게 생각하라."(롬 12:3)

꿈이나 이상을 크게 갖는 게 좋다. 그러나 그것도 너무 지나치면 무너질 수가 있다. 다윗은 고백한 바 있다.

"여호와여 내 마음이 교만하지 아니하고 내 눈이 오만하지 아니하오며 내가 큰일과 감당하지 못할 놀라운 일을 하려고 힘쓰지 아니하나이다."(시 131:1)

오락이나 휴식도 지나치면 오히려 피곤하고, 건강을 위한 운동도 지나치면 오히려 무리를 가져다준다. 사랑도 적당히 조절

해야 한다. 쉬 뜨거워지면 쉬 식을 수 있다. 은근과 끈기가 요구된다. 성경은 말씀한다.

"모든 것을 품위 있게 하고 질서 있게 하라."(고전 14:40)

사람 관계 속에서 처신할 때도 지나침은 위험하다. 지혜자는 권고하였다.

"지나치게 의인이 되지도 말며 지나치게 지혜자도 되지 말라 어찌하여 스스로 패망하게 하겠느냐 지나치게 악인 되지도 말며 지나치게 우매한 자도 되지 말라 어찌하여 기한 전에 죽으려고 하느냐."(전 7:16~17)

지나침은 모자람만 못하다. 쉽지는 않지만 '적당히'를 구하고 실천하자.

관포지교 (管鮑之交)

"내 형 요나단이여 내가 그대를 애통함은 그대는 내게 심히 아름다움이라 그대가 나를 사랑함이 기이하여 여인의 사랑보다 더하였도다."(삼하 1:26)

    중국 춘추시대. 제(薺)나라의 양공(襄公)이 다스리던 때에 죽마고우(竹馬故友)로 절친한 사이였던 관중(管仲)과 포숙아(鮑叔牙)는 그의 수하(手下)들로 있었다. 그러나 관중은 공자(公子) 규(糾)의 모사(謀士)로, 포숙아는 규의 이복동생인 소백(小白)의 모사로 있었다. 이러한 때에 갑자기 공자들의 아버지 양공이 그의 사촌동생인 공손무지(公孫無知)에 의해 시해(弑害)되는 불상사가 일어났고 공자(公子)들은 외국으로 망명해야 했는데 이때 관중은 규와 함께 노(魯)나라로, 포숙아는 소백과 함께 거나라로 피했다.

    이듬해 공손무지가 살해되고 각각 노나라와 거나라로 망명했었던 공자 규와 소백은 서둘러 귀국하려 했다. 먼저 귀국해야 왕위를 이을 수 있었기 때문이다. 두 공자의 대립은 본의 아니게 관중과 포숙아까지 정적(政敵)으로 만들었다. 관중은 자신이 모시는 규를 왕위에 오르게 하기 위하여 소백을 살해하려 했으나 실패하고 오히려 소백(小白)이 먼저 귀국하여 왕위에 올라 환공(桓公)이라 칭했다. 관중이 위기를 만난 때에 포숙아는 환공에게 진언했다.

"전하(殿下), 제(齊)나라 하나만 다스리는 것으로 만족하신다면 신(臣)으로도 충분하지만 천하를 도모하시려면 관중을 죽이지 마시고 오히려 기용하셔야 합니다."

도량이 넓었던 환공은 자신이 신뢰하는 포숙아의 진언을 받아들여 관중을 죽이지 않고 오히려 대부(大夫)로 중용하고 정사를 맡겼는데, 과연 관중은 선정을 하여 마침내 환공을 춘추의 첫 패자(覇者)로 군림케 했다.

이런 정치적인 성공의 요인은 환공의 관용과 관중의 재능에도 있었지만 그 시작에는 관중에 대한 포숙아의 변함없는 우정(友情)이 있었던 것이다. 후에 관중은 이렇게 술회했다. "나를 낳아준 분들은 부모지만 나를 알아준 사람은 포숙아였다." 사기(史記), 관중열전(管仲列傳)에 나오는 고사(故事)다.

시세(時勢)를 떠나 두터운 우정을 나눌 친구는 없는가? 관중에게 포숙아가 있었다면 다윗에게는 요나단이 있어서 행복했다. 요나단은 자신의 부친인 사울 왕이 왜 다윗을 죽이려 하는지를 알고 있었다. 다윗이 블레셋의 백전노장 골리앗을 죽인 이후 민심(民心)이 다윗에게 쏠리기 시작할 때부터였다. 질투는 미움으로 변하고 미움은 그를 죽여야 한다는 데까지 미치게 된 것이다.

특별히 사울 왕은 요나단에게 "이새의 아들이 땅에 사는 동안은 너와 네 나라가 든든히 서지 못하리라."(삼상 20:31)라고 함으로 다윗이 있는 한 장차 자신의 왕위가 아들로 이어지지 못할 것에 대하여 불안해했음을 알 수 있다.

그렇다면 요나단에게 있어서 다윗은 정적(政敵)이 될 수도 있었다. 그러나 요나단은 그런 사적(私的)인 욕망보다 하나님의 뜻과 정의와 우정을 앞세울 때 다윗을 죽이자는 데 동의할 수 없었다. 얼마나 많은 세월을 요나단은 다윗을 옹호하고 아버지를 설득하는 데 보냈던가.

그럼에도 끝내 자신의 뜻이 관철되지 못하고 친구 다윗의 신변에 위험이 닥치자 비밀리에 그를 도피시켜야 했다. 헤어져야 하는 안타까운 현실 앞에서 두 사람은 서로 입을 맞추며 함께 울었다.(삼상 20:41)

훗날 다윗은 사울 왕과 친구 요나단이 길보아 산에서 블레셋 군과의 전투 중에 전사했다는 소식을 듣고 이른바 '활 노래'를 지어 애도한 바 있다.(삼하 1:17~27) 그중에서 요나단을 위하여 이렇게 노래했다.

"내 형 요나단이여
내가 그대를 애통함은
그대는 내게 심히 아름다움이라
그대가 나를 사랑함이 기이하여
여인의 사랑보다 더하였도다."(삼하 1:26)

근묵자흑 (近墨者黑)

"복 있는 사람은 악인들의 꾀를 따르지 아니하며 죄인들의 길에 서지 아니하며 오만한 자들의 자리에 앉지 아니하고."(시 1:1)

우리 부부(夫婦)를 보고 닮았다고 하는 사람들이 더러 있다. 우리가 생각할 때는 얼토당토않은 소리지만 그러나 한편 생각하면 어떤 사람에게는 그렇게 보일 수도 있을 것 같다. 왜냐하면 우리는 부부 인연을 맺은 이후 꽤 많은 세월을 함께 살아왔기 때문이다.

그동안 우리는 산전수전(山戰水戰) 겪으면서 은연중에 서로가 서로에게 영향을 주고, 많은 부분 조화를 이루었을 것이다. 모르면 몰라도 서로가 맞지 않으면 우선은 불편하니까 고의적이든 무의식적이든 서로가 맞추어 살려고도 했을 것이다. 우선 같은 음식을 먹으니까 입맛부터 비슷해졌을 것이고 말씨도, 성품도, 생각도, 생활습관도 조금씩 닮아 갔을 것이다. 그러므로 "부부는 닮는다."라는 말은 전혀 근거가 없거나 터무니없는 말이 아닐 듯하다.

그렇다. 가까이하면 은연중에 영향을 받는다. 먹을 가까이 하면 먹물이 묻기 쉽다. 근묵자흑(近墨者黑)이요, 근주자필적(近朱者 必赤)이다. 서로 다른 환경, 서로 다른 성품, 서로 다른 얼굴까지도 오래 같이 살다 보면 닮아 간다는 것이다. 그렇다면 우리는 지금 내가 가까이하고 자주 만나는 사람이 누군지, 내가 즐기는 것이 무엇이며, 내가 자주 접하는 환경이 어디인지, 한번쯤 점검해 볼 필요가 있을 것 같다.

때로 우리는 그것이 옳지 않은 것인 줄 뻔히 알면서도 자주 접촉하는 중에 배우지 않았던가. 폭력을 휘두르는 아버지 밑에서 자란 아들이 자라서 폭력 휘두르는 아버지가 되기 쉽고, 술꾼 아버지 밑에서 자란 아들이 술꾼 되기가 쉽다고 하지 않는가. 그렇다면 아들은 가까이에 있는 아버지의 행위를 미워하면서도 은연중에 배웠다는 뜻이 된다.

하나님은 가나안을 정복해 들어가는 이스라엘 백성들에게 그곳 원주민들을 철저하게 쫓아내고 죽이라 했다. 그들과는 절대로 혼인관계를 맺지 말고 그들을 가까이에 두지도 말라고 했다. 왜 그랬을까? 왜 그토록 하나님은 잔인한(?) 명령을 내리셨을까? 성결해야 할 이스라엘 백성들이 그곳 원주민들의 음란한 우상숭배 행위를 접촉하고 본받는 것을 원치 않았기 때문이다. 시인은 이렇게 죄악의 전염성을 경계하고 있다.

"복 있는 사람은 악인들의 꾀를 따르지 아니하며 죄인들의 길에 서지 아니하며 오만한 자들의 자리에 앉지 아니하고." (시 1:1)

"범사에 헤아려 좋은 것을 취하고 악은 어떤 모양이라도 버리라." (살전 5:21~22)

성경은 죄의 성장성을 경계하는 것이다. 그렇다. 이 세상에는 보아서는 안 될 것, 들어서는 안 될 이야기, 접촉해서는 안 될 사건과 환경이 많다. 우리가 진실로 성결한 사람이 되기를 원한다면 이것들을 피하면서 적극적으로 좇아야 할 것이 있다. 예배와 기도와 봉사와 성경공부와 전도와 찬송과 그 밖의 경건 생활들. 그것은 주님을 배우고 주님을 만나는 일들이다.

거룩한 분을 만나면 거룩함을 닮고, 신실한 분을 접촉하면 신실한 것이 좋아지고, 생명을 만나면 죽은 영혼도 살아난다. 부부도 오래 살다 보면 서로 닮아 간다는데 우리를 변화시키는 능력의 예수님을 모시고 살면 어떻게 될까? 예수님은 온유하고 겸손하신 분이시다.

시인이 노래했다.

"무릇 주를 멀리하는 자는 망하리니 음녀같이 주를 떠난 자를 주께서 다 멸하였나이다 하나님께 가까이함이 내게 복이라 내가 주 여호와를 나의 피난처로 삼아 주의 모든 행적을 전파하리이다."(시 73:27~28)

근하신년 (謹賀新年)

"네가 네 하나님 여호와의 말씀을 청종하면 이 모든 복이 네게 임하며 네게 이르리니 …… 네가 들어와도 복을 받고 나가도 복을 받을 것이니라."
(신 28:2~6)

연말연시에 배달된 연하장(年賀狀)을 보면 거개의 머리글이 근하신년(謹賀新年)이나 공하신년(恭賀新年)이다. 새해의 복을 비는 말이다. 풀이하면 "삼가 새해를 축복합니다." 하는 뜻이 될 것이다. 흔히 우리가 사용하는 "새해 복 많이 받으세요." 하는 새해 인사와 같은 것이다.

그런데 과연 복이란 무엇인가? 어떻게 사는 것이 복된 삶인가? 만민이 추구하는 복이지만 그 개념은 다를 수 있을 것 같다. 인생관이나 세계관에 따라 다르고 각기 자신이 처한 환경이나 가지고 있는 교양 정도에 따라서도 차이가 있지 않을까?

어쩌면 자신에게 부족하고 미흡한 것을 얻고자 하고 그것을 얻어 누리는 것을 복으로 여길 것이다. 예를 들면 가난한 사람은 돈을 많이 버는 것을 복이라 할 것이고, 병약한 사람은 건강을 최고의 복이라 할 것이다. 불화한 가정이라면 경제적으로는 조금 어려워도 화목하면 좋겠다고 생각할 것이고, 배운 것이 조금 부족하여 열등감에 사로잡혀 있는 사람이라면 많은 지식을 가진 것을 복으로 생각할 것이다.

성경도 복을 다양하게 말씀하고 있다. 그러나 대체로 구약에서는 물질이나 현실적인 안락을 복으로 많이 이야기하고, 신약에서는 보다 정신적이고 영적인 데 비중을 두고 있다. 예를 들면 구약성경은 이렇게 말씀하고 있다.

"네가 네 하나님 여호와의 말씀을 청종하면 이 모든 복이 네게 임하며 네게 이르리니 성읍에서도 복을 받고 들에서도 복을 받을 것이며 네 몸의 자녀와 네 토지의 소산과 네 짐승의 새끼나 소와 양의 새끼가 복을 받을 것이며 네 광주리와 떡 반죽 그릇이 복을 받을 것이며 네가 들어와도 복을 받고 나가도 복을 받을 것이니라."(신 28:2~6)

여기서는 복을 풍성한 소유, 가족과 자녀들의 형통에 두면서 그런 복을 받기 위해서는 순종해야 함을 가르친다. 그러나 신약에 들어오면 사뭇 달라진다. 예수님은 산상수훈(山上垂訓)에서 심령이 가난한 자, 애통하는 자, 온유한 자, 의에 주리고 목마른 자, 긍휼히 여기는 자, 마음이 청결한 자, 화평하게 하는 자, 의를 위하여 박해를 받는 자가 복이 있다고 말씀하고 있다.(마 5:1~12) 다분히 영적이고 정신적인 개념이다.

물론 구약에서 영적 개념의 복을 말하지 않는 게 아니고, 신약에서 물질적인 복을 말씀하지 않는 것은 아니다. 결론은 사람이 영혼과 육신으로 구성되어 있기 때문에 복을 말할 때도 영적인 면과 육적인 면을 모두 포괄해야 하는 것이다. 어느 한 쪽만 지나치게 강조하거나 어느 한 쪽을 무시하면서 참 행복을 말해서는 안 될 것이다.

그렇다면 우리가 행복하기 위해서 필요한 조건들은 무엇일까? 기본적인 것들이 있다.

첫째는 영적 구원이다. 모든 것을 소유했다 해도 구원받지 못했다면 행복과는 거리가 있다. 성경은 온 천하를 얻고도 제 목숨을 잃으면 무엇이 유익하겠느냐고 말씀한다.(마 16:26)

둘째는 감사다. 아무리 많은 것을 가졌어도 만족하지 못하여 늘 불평하고 원망하는 사람에게 무슨 행복이 있겠는가. 성경은 범사에 감사하라고 가르친다.(살전 5:18) 행복하라는 뜻이다.

셋째는 사랑이다. 사랑이 없으면 삭막하다. 사람은 떡으로만 사는 존재가 아니다. 미워하면서 행복할 수는 없다. 누군가를 사랑하고 또 누군가로부터 사랑을 받아야 한다. 성경은 하나님을 사랑하고 이웃을 내 몸처럼 사랑하는 것이 온 율법과 선지자의 강령이라고 했다.(마 22:27~40) 행복하려면 서로 사랑해야 한다.

넷째는 소망이다. 소망이 없으면 결코 행복할 수 없다. 기대가 없는 사람은 절망할 수밖에 없다. 그래서 소망을 잃으면 자살도 감행하게 되는 것이다. 영원한 나라에 대한 소망, 미래에 대한 소망을 놓쳐서는 안 된다. 성경은 소망이 믿음, 사랑과 함께 항상 우리에게 있어야 할 것이라고 가르친다.(고전 13:13) 그리고 소망이 있으면 어떤 어려움도 이겨 낼 수 있는 것이다.

이 행복을 이루기 위한 세 가지 제안을 하고 싶다.
하나는 하나님의 말씀에 대한 순종이다. 하나님의 말씀은 선악(善惡)과 옳고 그름에 대한 표준이다. 잘 사는 것이란 배부르게 사는 것이 아니라 바르게 사는 것이요, 그것이 복임을 깨닫게

해 줄 것이다.

둘째는 욕심을 절제할 수 있어야 한다. 욕심을 방치하면 끝이 없고 끝없는 욕심이 죄를 낳고 결국 사망에 이르게 하는 것이다.(약 1:15) 자기를 다스리지 못하고 제어하지 못하면 지금 불행으로 가고 있는 중임을 명심하자.

셋째는 성실하게 일하되 사명으로 알고, 때로 그 사명이 생명보다 귀하다는 인식을 가져야 한다.(행 20:24) 그러기 위해서 열정이 있어야 하고 부지런해야 한다. 봉사와 희생정신도 필요하다. 특별히 우리가 감사해야 할 것은, 우리가 하나님으로부터 사명을 받고 쓰임 받는 종이 된 것이다. 그리고 그 사명을 위하여 각종 은사와 건강과 시간과 물질과 모든 환경을 받은 것이다.

부지런히 심자. 하나님은 심은 대로 거두게 하시는 분이다. 바람을 심으면 광풍을 거두고(호 8:7) 육신을 위하여 심으면 썩어질 것을 거두게 되지만 성령을 위하여 심으면 영생을 거두게 된다.(갈 6:8) 심지 않고 거두려 한다면 도둑의 마음이고 악을 심고 선을 거두려 하면 사기(詐欺)다. 기회 있는 대로 좋은 것을 심자.

낙심하지 않고 포기하지 않으면 때가 이르매 거두게 된다.(갈 6:9)

영국 수상 처칠은 제이 차 세계 대전을 승리로 이끌기 위해서 국민들에게 피와 땀과 눈물을 요구했었다. 그리고 그에 대한 호응으로 승리할 수 있었다. 주님은 지금 우리에게 헌신과 순종과 열정을 요구한다. 늘 근하신년이 되기를 바란다.

기우 (杞憂)

"하나님의 뜻대로 하는 근심은 후회할 것이 없는 구원에 이르게 하는 회개를 이루는 것이요 세상 근심은 사망을 이루는 것이니라."

(고후 7:10)

살아 있으면서 염려나 근심, 걱정이 없는 사람이 있을까? 자고 일어나면 서민들의 먹고사는 문제를 비롯하여 자녀, 친구, 사업과 직장, 각종 사고나 질병, 기타 정치, 사회, 전쟁 등 많은 걱정거리를 안고 사는 것이 인생이다. 심지어는 잠들어 있는 중에도 걱정하는 꿈을 꾸며 시달리기도 한다.

그러나 성경은 그런 걱정의 대부분이 쓸데없는 걱정이요, 불신의 소치라고 말씀한다. 쓸데없는 걱정이라 함은 걱정해 보았자 소용이 없다는 것이고, 불신의 소치라 함은 그 모든 걱정을 전능하신 하나님께 맡기지 못하는 것을 의미하는 것이다. 과연 우리가 걱정함으로써 해결을 보는 일이 얼마나 있는가?

열자(列子)의 천서편(天瑞篇)에 나오는 이야기가 있다. 중국 주(周) 왕조시대, 기(杞)나라에 쓸데없는 걱정을 하는 사람이 하나 있었다. 그는 잠도 제대로 자지 못하고 음식도 제대로 먹지 못하면서 "만일 하늘이 무너지고 땅이 꺼진다면 몸 둘 곳이 없잖은가?" 하고 늘 걱정만 했다는 것이다.

그리하여 '기(杞)나라 사람의 쓸데없는 걱정'[憂]이라는 뜻의 기우(杞憂)라는 말이 생겼다고 하지만 우리는 정말 일상에서 무익한 근심이나 헛걱정을 하는 경우가 많은 것 같다.

예수님은 "너희 중에 누가 염려함으로 그 키를 한 자라도 더할 수 있겠느냐?"라고 묻고 있다.(마 6:27) 무능한 염려로 시간과 정력을 소비하지 말라는 뜻이 아니겠는가.

목숨을 위하여 무엇을 먹을까, 무엇을 마실까, 몸을 위하여 무엇을 입을까 염려하지 말라고 권고하기도 했다. 하찮은 미물에 불과한 공중의 새들도 하나님께서 기르시고 오늘 있다가 내일 아궁이에 던져지는 들풀도 입히시는데 하물며 너희일까 보냐고 하시면서, 음식보다는 목숨이 더 중하며 몸이 의복보다 중하다고 갈파하셨다.

우리가 진정 하나님의 백성이라 자부하면서 염려로 일관된 삶을 살 수밖에 없다면 그것은 분명히 불신이요(마 6:30) 하나님을 전적으로 신뢰하지 못하는 소치다.

베드로 사도는 너희 염려를 다 주께 맡겨 버리라고 권면했다.(벧전 5:7) 맡기지 못하기 때문에 우리에게 평안도 없고 해결점도 없으며 두려움과 근심이 생기는 게 아니겠는가.(요 14:27 참고)

그러므로 바울 사도는 염려할 시간이 있으면 기도하라고 권면했다. 모든 문제의 해결은 염려에 있는 게 아니라 기도하는 데 있다고 바울은 확신했기 때문이다

"아무것도 염려하지 말고 다만 모든 일에 기도와 간구로 너희 구할 것을 감사함으로 하나님께 아뢰라 그리하면 모든 지각에 뛰어난 하나님의 평강이 그리스도 예수 안에서 너희 마음과 생각을 지키시리라."(빌 4:6~7)

우리는 지금 무슨 일로 고민하며 염려하고 있는가? 사도 바울은 날마다 모든 교회를 위하여 염려한다고 고백했고(고후 11:28) 히브리서 기자는 "혹 너희 중에 누가 믿지 아니하는 악한 마음

을 품고 살아 계신 하나님에게서 떨어질까 조심할 것이요."라고 했다.(히 3:12)

적어도 우리가 하나님의 자녀라면 우리에게 있어야 할 것을 미리 아시는 전능하신 하나님께 모든 일을 맡겨야 하며,(마 6:32) 고민을 해도 신령한 것으로 하고, 염려를 해도 그 나라와 그의 의(義)를 위하여 해야 하지 않을까.

성경은 말씀한다.

"하나님의 뜻대로 하는 근심은 후회할 것이 없는 구원에 이르게 하는 회개를 이루는 것이요 세상 근심은 사망을 이루는 것이니라."(고후 7:10)

남가일몽 (南柯一夢)

"내일 일을 너희가 알지 못하는도다 너희 생명이 무엇이냐 너희는 잠깐 보이다가 없어지는 안개니라."(약 4:14)

당(唐)나라 9대 황제인 덕종(德宗) 때 광릉(廣陵) 땅에 '순우분'이란 사람이 살았다. 어느 날 순우분이 술에 취해 집 앞의 큰 홰나무 밑에서 잠이 들었다. 그러자 어디서 남색 관복을 입은 두 사람이 나타나더니 "저희는 괴안국왕(槐安國王)의 명을 받고 대인을 모시러 온 사신이옵니다." 하는 것이 아닌가.

순우분이 사신을 따라 홰나무 구멍 속으로 들어가자 국왕이 성문 앞에서 반가이 맞이했다. 순우분은 부마(駙馬)가 되어 궁궐에서 영화를 누리다가 남가태수를 제수(除授)받고 부임했다.

남가군(南柯郡)을 다스린 지 20년, 그는 그간의 치적을 인정받아 재상이 되었다. 그러나 때마침 침공해 온 단라국군(檀羅國軍)에게 참패하고 말았다. 설상가상으로 아내까지 병으로 죽자 관직을 버리고 상경했다. 얼마 후 국왕은 천도(遷都)를 해야 할 조짐이 보인다며 순우분을 고향으로 돌려보냈다.

　잠에서 깨어난 순우분은 꿈이 하도 이상해서 홰나무 뿌리 부분을 살펴보았다. 과연 구멍이 있었다. 그 구멍을 더듬어 나가자 넓은 공간에 수많은 개미의 무리가 두 마리의 왕개미를 둘러싸고 있었다. 여기가 괴안국이었고 왕개미는 국왕 내외였던 것이다. 또 거기서 남쪽으로 뻗은 가지(南柯)에 나 있는 구멍에도 개미떼가 있었는데 그곳이 바로 남가군이었다.
　순우분은 개미구멍을 원상대로 고쳐 놓았지만 그날 밤에 큰 비가 내려 이튿날 구멍을 살펴보았으나 개미는 흔적도 없이 사라졌다. '천도해야 할 조짐'이란 바로 이 일이었던 것이다. 남가기(南柯記)에 나오는 고사로 남가일몽(南柯一夢)이란 '남쪽 나뭇가지의 꿈'이란 뜻으로 인생의 덧없음을 비유하는 말이다.

　그렇다. 인생의 부귀영화가 한 꿈에 불과하다. 그러므로 야고보서는 우리의 생명이 잠깐 보이다가 없어지는 안개라고 했고(약 4:14) 베드로는 모든 육체는 풀과 같고 그 모든 영광은 풀의 꽃과 같다고 했다.(벧전 1:24~25)
　예수님은 부자와 거지 나사로의 얘기를 통하여 어떤 부자가 생전에 자색 옷과 고운 베옷을 입고 날마다 호화롭게 즐기었지만 결국 죽어서 불꽃 가운데서 괴로워하는 신세가 되었다고 하심으로 하나님을 모르는 이 땅의 부귀영화를 경계하셨다.(눅 16:19~25)

오죽했으면 하나님으로부터 전무후무한 지혜를 받고 평생 부귀영화를 누렸던 솔로몬이 말년에 인생을 논하기를 "헛되고 헛되며 헛되고 헛되니 모든 것이 헛되도다."라고 했을까?(전 1:2)

그러므로 자칫 헛된 인생으로 마무리할 수 있는 우리의 일생을 의미 있는 인생이 되도록 해야 할 것이다. 바울은 자신이 가졌던 세속적인 자랑거리를 배설물로 여기고 오직 십자가만 자랑하며 생명의 복음을 전하다가 순교했다.

그렇다. 누구나 단 한 번 주어진 인생을 허무하고 무가치하게 보낼 수도 있고, 참으로 가치 있고 보람 있게 보낼 수도 있다. 분명한 것은 세속적 부귀영화만을 위해서 산다면 그것은 허무한 일일 뿐이라는 사실이다.

낭중지추 (囊中之錐)

"하나님의 뜻대로 하는 근심은 후회할 것이 없는 구원에 이르게 하는 회개를 이루는 것이요 세상 근심은 사망을 이루는 것이니라." (고후 7:10)

오늘 이 시대의 가장 큰 특징 중 하나는 스피드(speed)가 아닐지 모르겠다. 예전에는 변방에 사는 사람들이 서울에 과거(科擧)를 보러 오려면 괴나리봇짐을 메고 며칠씩 걸어야 했던 천 리 길을 이제는 단 몇 시간이면 오갈 수 있게 되었다. 지구 저편에 누가 살고 있는지도 모르던 우리가 이제는 마음만 먹으면 이웃집 나들이하는 식으로 다녀올 수 있게 되었으니 가히 지구는 하나의 촌락으로 좁아졌다. 교통과 통신의 발달이 세상을 좁혀 놓은 것이 사실이고, 또한 인류에게 '빨리'와 '쉽게'라는 편리를 가져다준 것도 사실이다.

그러나 우리에게 편리를 가져다준 '빨리'와 '쉽게'가 우리의 의식구조마저 덩달아 서두르게 만들었다면 그것은 분명히 부작용이다.

오늘을 사는 우리는 무엇이든 빨리 결정하고, 빨리 출세하고, 빨리 성공하고, 빨리 명성을 얻고, 빨리 목적지에 도달하고자 하는 조류(潮流)에 휩쓸려 가고 있는지 모른다. 물론 '빨리'가 항상 나쁘다고 단정할 수는 없다. '쉽게' 하자는 것 역시 나쁜 것이라고만 말하기 어렵다. 그런데 이 '빨리'와 '쉽게'가 자칫 '대충대충'으로 이어진다면 그것은 걱정거리일 수밖에 없다. 사실 우리는 최근에 너무 '빨리'와 '쉽게'에 편승하여 부실을 야기시켜 온 점이 없다고는 할 수 없다.

우리는 다리나 도로를 만들 때, 세계에서 유례를 찾아볼 수 없을 정도로 빨리 만들었다고 자랑해 왔다. 그런데 그 결과는 허술했다는 결론으로 귀결되는 경우가 있었다. 목적에 너무 지나치게 집착하다 보니 과정을 무시한 것 아니겠는가.

모세는 과정을 생략하고 쉽게 지도자가 되기 위해서 사람을 죽였다가 미디안으로 도피해야 했다. 그는 거기서 40년이란 훈련 기간을 거치고 비로소 이스라엘의 지도자가 될 수 있었다. 믿음의 그릇이 완성되면 하나님께서 쓰실 것이고, 실력이 있으면 반드시 드러날 날이 있는 법이다.

주머니 속에 끝이 뾰족한 송곳을 넣고 다니면 어떻게 되겠는가? 그 끝이 언젠가는 주머니 밖으로 뚫고 나오지 않겠는가. 낭중지추(囊中之錐)라는 말은 '주머니 속에 든 송곳' 이란 뜻이다. 사기(史記)의 평원군열전(平原君列傳)에 나오는 이야기다.

전국시대 말엽이었다. 진(秦)나라의 공격을 받은 조(趙)나라 혜문왕(惠文王)은 동생인 평원군(平原君)을 초(楚)나라에 보내어 구원군을 청하기로 했다. 평원군은 20명의 수행원이 필요한데 한 명이 부족하여 고심을 했다.

이때 모수(毛遂)라는 사람이 자기를 데리고 가 달라고 요청을 했다. 평원군이 어이가 없다는 표정으로 "그대는 내 집에 온 지 얼마나 되었소?" 하고 물었다. 모수는 3년이 되었다고 했다. 평원군은 시들하게 생각하여 "재능이 뛰어난 사람은 숨어 있어도 마치 주머니 속의 송곳 끝이 밖으로 나오듯이 남의 눈에 드러나는 법이오. 그런데 그대는 내 집에 온 지 3년이나 됐음에도 이제까지 한 번도 이름이 드러난 적이 없지 않소." 하고 자격이 되지 못함을 말했다.

이에 모수는 "그건 나리께서 지금까지 저를 한 번도 주머니 속에 넣어 주시지 않았기 때문이지요. 이번에 주머니 속에 넣어 주시기만 하면 끝뿐만 아니라 자루까지 드러내 보이겠습니다." 하고 대답했다. 평원군은 그의 재치 있는 대답을 듣고 그를 수행원으로 데리고 갔는데 진나라에 도착한 그는 유능한 활약을

해서 평원군으로 하여금 국빈 대접을 받으며 구원군도 쉽게 얻을 수 있게 했다 한다.

그렇다. 재능과 실력이 갖추어지면 반드시 세인의 인정을 받을 때가 오는 법이다. 보석은 흙에 묻혀 있어도 보석이요, 잡석에 섞여 있어도 빛을 내는 것이다.

세상의 만사가 모두 서둘러서 되는 일들이겠는가. 누가 알아주지 않는다고 불평하고 원망할 시간이 있으면 기도하며 영력(靈力)을 얻고 실력을 연마해 두어야 한다. 왜냐하면 실력은 내가 갖추는 것이나 인정은 남이 해 주는 것이고, 실력 있는 사람은 언젠가 반드시 인정받을 때가 오기 때문이다.

제2부
다기망양

다기망양

다다익선

단장

대공무사

대기만성

덕불고 필유린

동가식 서가숙

마부작침

맹모단기지교

맹모매육

미생지신

다기망양(多岐亡羊)

"내가 오늘날 네게 명령한 이 명령은 네게 어려운 것도 아니요 먼 것도 아니라 하늘에 있는 것이 아니니……오직 그 말씀이 네게 매우 가까워서 네 입에 있으며 네 마음에 있은즉 네가 이를 행할 수 있느니라."
(신 30:11~14)

어느 날 양자(楊子 : 전국시대(戰國時代)의 극단적인 개인주의를 주장했던 사상가)의 이웃사람이 양을 잃었다. 그래서 양의 주인이 자기 집 사람들은 물론이고 양자(楊子)네 하인까지 청해서 양을 찾아 나섰다. 그게 하도 소란스러워서 양자가 물었다. "양 한 마리 찾는데 왜 그리 많은 사람이 나섰느냐?" 양자의 하인이 "양이 달아난 그쪽에는 갈림길이 많기 때문입니다."라고 대답했다. 그러나 얼마 후 모두들 지쳐서 돌아왔고 양자는 그들에게 다시 물을 수밖에 없었다. "그래 양은 찾았느냐?"

하인은 "갈림길이 하도 많아서 그냥 되돌아오고 말았습니다." 하고 대답했고, "그러면 양을 못 찾았단 말이냐?" 하고 재차 묻는 양자(楊子)의 질문에 "갈림길에 또 갈림길이 있는지라 양이 어디로 달아났는지 통 알 길이 없었습니다." 하고 대답했다.

이 대답을 들은 양자는 매우 울적해하며 하루 종일 아무 말도 하지 않았다. 제자들이 그 까닭을 물어도 대답조차 하지 않았다. 왜 그러실까 하여 양자의 제자 중 맹손양(孟孫陽)이란 사람이 선배인 심도자(心都子)를 찾아가 자초지종을 말하고 왜 스승인 양자가 침묵하고 계시는가를 물었다. 심도자는 이렇게 대답해 주었다.

"큰 길에는 갈림길이 많기 때문에 양을 잃어버리고, 학자는 다방면으로 배우기 때문에 본성을 잃는다. 학문이란 원래 근본은 하나였는데 그 끝에 와서 이같이 달라지고 말았다. 그러므로 하나인 근본으로 돌아가면 얻는 것도 없고 잃는 것도 없다는 생각으로 선생님은 지금 그렇지 못한 현실을 안타까워하는 것이라네."

열자(列子) 설부편(說符篇)에 나오는 고사(故事)로 학문의 길에 있어서도 너무 다방면에 걸쳐 지나치게 하거나 지엽적인 면에 구애되면 아무것도 얻을 수 없다는 의미로 쓰이는 말이다.

모두가 복잡해져 가지만 그럴수록 단순하게 살 필요가 있지 않을까? 오늘날은 하나님을 섬기는 방법에 대해서도 한번쯤 살펴볼 여지가 있다. 열심을 내자는 명분이긴 하지만 혹 본질을 떠나서 소란스러움(?)만이 지배하고 있지 않은지, 하나님을 기쁘게 해드린다는 목적이지만 우리들 자신이 기뻐하기 위한 행사 위주가 아닌지…….

사실 신앙은 구원에 목적이 있다. 그리고 그 구원은 예수 그리스도가 구주 되심을 믿고 그 주님을 심령에 영접하는 순간 이루어지는 매우 단순한 것이다.(요 3:16) 우리는 하나님의 은혜로 예수를 믿고 구원에 이르게 되었다.(엡 2:8) 그러므로 성경은 "사람이 마음으로 믿어 의에 이르고 입으로 시인하여 구원에 이르느니라."라고 말씀하고 있다.(롬 10:10) 그 구원의 도리가 멀리 있는 것이 아니다. 복잡한 것도 아니다. 그래서 성경은 이렇게 말씀하고 있다.

> "내가 오늘날 네게 명령한 이 명령은 네게 어려운 것도 아니요 먼 것도 아니라 하늘에 있는 것이 아니니 네가 이르기를 누가 우리를 위하여 하늘에 올라가 그의 명령을 우리에게로 가지고 와서 우리에게 들려 행하게 하랴 할 것이 아니요 이것이 바다 밖에 있는 것이 아니니 네가 이르기를 누가 우리를 위하여 바다를 건너가서 그의 명령을 우리에게로

> 가지고 와서 우리에게 들려 행하게 하랴 할 것도 아니라 오직 그 말씀이 네게 매우 가까워서 네 입에 있으며 네 마음에 있은즉 네가 이를 행할 수 있느니라."(신 30:11~14)

그러므로 우리는 구원과 믿음의 도리를 오히려 어렵게 만들거나 복잡하게 가르치지 말고, 더구나 왜곡시키지 말아야 할 것이다. 기본으로 다시 돌아가야 하고 그러기 위해서 초대교회의 모습을 본받을 필요가 있다.

모이기에 힘쓰고, 모여서 기도하고, 강단에서 전해지는 말씀을 겸손하게 받으며, 사랑을 실천하고, 핍박 중에도 변함없이 신앙을 지키며, 받은 복음을 전하고, 하나님을 찬미하며, 온 백성에게 칭송을 받는 것이다. 그러면 주께서 구원받는 사람을 날마다 더해 주실 것이다.(행 2:43~47)

그렇다. 구원은 행위나 번잡한 행사나 어떤 방법에 있는 것이 아니다. 오직 믿음에 있고, 믿음으로 구원받은 백성이 그 가르침대로 살 때 상급과 면류관이 있을 뿐 아니라 구원받은 백성의 증거가 나타나는 것이다. 실로 구원은 복잡한 것이 아니라 단순한데 죄악 된 세상이 구원받은 사람이 살아가고자 하는 바른 삶의 길을 방해하고 있을 뿐이다.

그러므로 신앙의 승리는 언제, 어떤 경우에도 믿음을 지키며 그 믿음대로 하나님이 주신 말씀을 따라 살아가려고 애쓰는 자에게 주어지는 것이다.

다다익선(多多益善)

"모든 만물이 피곤하다는 것을 사람이 말로 다 말할 수는 없나니 눈은 보아도 족함이 없고 귀는 들어도 가득 차지 아니하도다."(전 1:8)

한(漢)나라 고조 유방(劉邦)은 명장(名將)으로서 천하 통일의 일등 공신인 한신(韓信)을 위험한 존재로 여겼다. 그래서 계략을 써서 그를 포박한 후 회음후(淮陰侯)로 좌천시키고 도읍인 장안(長安)을 벗어나지 못하게 했다.

어느 날 고조는 한신에게 물었다. "과인이 군사를 얼마나 통솔할 수 있을 것으로 보느냐?"

그러자 한신은 "폐하께서는 한 10만쯤 거느릴 수 있을 것으로 생각됩니다."라고 대답했다.

고조는 다시 물었다. "그렇다면 그대는 얼마의 군사를 거느릴 수 있겠느냐?"

한신은 "다다익선(多多益善)입니다."라고 대답했다. 많으면 많을수록 좋다는 것이었다.

고조는 웃었다. 그리고 다시 물었다. "그렇다면 어째서 10만의 장수감에 불과한 나에게 그대는 포로가 되었는고?"

한신은 대답했다. "폐하께서는 병사의 장수가 아니오라 장수의 장수이옵니다. 이것이 신이 폐하의 포로가 된 이유입니다."

사기(史記)의 회음후열전(淮陰侯列傳)에 나오는 고사(故事)로 다다익선(多多益善)이란 "많으면 많을수록 좋다."라는 뜻이다.

이 세상에는 많으면 많을수록 좋은 것이 있다. 그러나 많으면 많을수록 좋지 않은 것도 많다. 죄악이 많아서 관영하면 그 사회는 퇴폐하여 망한다. 노아의 시대가 그랬다. 욕심이 많아서 탐욕이 되면 개인적으로 우상숭배자가 되고 결국 망한다. 아간이나 게하시가 그랬다. 불의와 불법이 많으면 범죄가 심화되고 타락한 사회를 만든다. 질투와 미움과 시기가 많으면 개인적으로나 사회적으로 불행하다.

많으면 많을수록 좋은 것 같지만 절제하지 못하고 다스리지 못하면 위험한 것도 있다. 사랑이 좋은 것이지만 절제하지 못하고 분별을 하지 못하면 불행이 찾아든다. 건강이 좋은 것이지만 남용하며 함부로 사용하면 자신을 병들게 한다. 명예와 권세가 높아질 때 조심해야 한다. 교만이 들어오면 버림 받게 된다. 물질이 많은 것이 나쁘다고 단언할 수는 없지만 신앙이 없는 풍요는 타락을 부추길 수 있다. 물질을 다스릴 수 없는 사람에게 그것이 많이 주어지면 하나님나라와 멀어진다. 그래서 주님은 부자가 천국에 들어가기는 낙타가 바늘구멍으로 들어가기보다 어렵다고 했다. 지식이 많은 것은 좋지만 그러나 근심을 더할 수 있고, 지혜가 많으면 번뇌도 많을 수 있다.(전 1:18)

그런데 이 세상에는 진정으로 많으면 많을수록 좋은 것이 있다. 봉사정신이다. 희생과 헌신이다. 내가 손해를 봐서 남을 유익하게 하는 정신, 내가 죽어서 남을 살리는 정신. 이 정신이 이 사회를 건전하게 이끌어 간다. 그가 속해 있는 사회나 공동체를 세우고 발전시켜 나간다.

예수 그리스도의 십자가가 인류의 생명을 구했다. 주님은 한 알의 밀이 땅에 떨어져 죽지 않으면 한 알 그대로 있고 죽으면 많은 열매를 맺는다고 갈파하시고 당신 자신이 한 알의 밀처럼 생명을 내놓았다.

우리는 많으면 많을수록 좋다고 생각한 것이 오히려 부작용을 일으키고 공동체를 어지럽히는 결과를 낳지 않을까, 조심해야 한다. 재정이 늘어나고 신자가 늘어나 교회에 부흥이 이루어지는 것은 좋다. 그러나 그것이 세속적인 물량주의로 흐를까, 우리는 항상 조심해야 하는 것이다.

단장 (斷腸)

斷腸

"예수께서 자기의 어머니와 사랑하시는 제자가 곁에 서 있는 것을 보시고 자기 어머니께 말씀하시되 여자여 보소서 아들이니이다."
(요 19:26)

    옛날 중국 진(晉)나라 환온(桓溫)이 촉(蜀) 땅을 정벌하기 위해서 여러 척의 배에 군사를 나누어 싣고 양자강 중류의 삼협(三峽)을 통과할 때였다. 환온의 부하 중 하나가 원숭이 새끼 한 마리를 붙잡아서 배에 싣고 출발을 했다. 새끼를 빼앗긴 어미 원숭이는 슬피 울부짖으며 강가에 펼쳐진 절벽도 아랑곳하지 않고 필사적으로 배를 쫓아오는 것이었다. 이윽고 배가 백여 리쯤 지난 뒤 강기슭에 닿았을 때 원숭이는 서슴없이 새끼가 잡혀 있는 배에 뛰어올랐다. 그러나 뛰어오르자마자 곧 죽어버리는 것이었다. 사람들이 죽은 원숭이의 배를 갈라 보니 창자가 토막토막 끊어져 있었다.

    얼마나 애통했으면 창자가 토막토막 끊어져 있었을까? 하찮은 미물인 원숭이도 자기 새끼 때문에 창자가 토막토막 끊어지는 아픔을 갖는다면 하물며 사람이 자기 자식을 아끼는 마음이란 어느 정도일까? 세설신어(世說新語)에 나오는 이야기로 이후부터 창자가 끊어질 듯한 슬픔을 비유할 때 단장(斷腸)이라는 이 말을 써 왔다.

일찍이 예수님이 태어났을 때 예루살렘에 거주하는 경건한 사람 시므온이 예수님의 모친 마리아에게 예수님에 대해서 말하기를 "이는 이스라엘 중 많은 사람을 패하거나 흥하게 하며 비방을 받는 표적이 되기 위하여 세움을 받았고"라고 했고 마리아 자신에게는 "칼이 네 마음을 찌르듯 하리니"라고 예언한 바가 있었다.(눅 2:34~35)

과연 마리아는 창자가 끊어지는 슬픔과 칼로 찌르는 듯한 아픔을 자신이 낳은 아들 때문에 맛보게 된다. 아들 예수께서 골고다 언덕, 십자가 상에서 못 박혀 죽어 갈 때 현장에 있었던 어머니 마리아의 마음이 어떠했을까? 마리아는 자신이 낳았지만 예수가 어떤 분인가를 누구보다 더 잘 안다. 그가 죄 없이 이 땅에 오셔서 모든 사람의 죄를 대신 지고 죄인의 모습으로 죽어가고 있음을 마리아는 십자가 밑에서 보고 있었다.

그럼에도 불구하고 마리아가 슬픔과 괴로움을 이기지 못하여 울부짖었다거나 눈물을 흘렸다는 표현이 성경에 기록되어 있지 않다. 기절을 했다거나, 원수들을 향하여 저주를 퍼부었다거나, 그 자리를 도망쳐 나왔다는 말은 더욱 없다. 그는 창자가 끊어지는 슬픔과 괴로움을 삼키고 있었을 것이다. 그러면서 만민의 죄를 대속하는 주님의 그 장엄하고 위대한 사역의 현장을 어지럽히지 않고 있었다.

그렇다면 그 어머니를 바라보는 십자가 상에서의 예수님은 어떠했겠는가? 어머니를 향해서는 "여자여, 보소서. 아들이니이다." 하고 사랑하시는 제자 요한을 가리켰고, 요한에게는 "보라, 네 어머니라." 하시면서 차후에 마리아를 어머니로 모실 것을 부탁하셨다.(요 19:25~27) 남겨진 어머니를 염려하는 예수님의 애틋한 효성이었다. 더구나 그 염려는 자신이 십자가에 못 박혀 죽어 가는 고통의 상황에서였다.

자식을 위한 어머니의 마음은 때로 창자가 토막토막 끊어지는 아픔으로 다가온다는 것을 안다면 십자가의 고통 속에서라도 그 은혜를 잊지 말아야 하는 것이 자식의 당연한 도리임을 가르치고 있는 게 아니겠는가?

대공무사 (大公無私)

"바나바는 착한 사람이요 성령과 믿음이 충만한 사람이라 이에 큰 무리가 주께 더하여지더라 바나바가 사울을 찾으러 다소에 가서 만나매 안디옥에 데리고 와서 둘이 교회에 일 년간 모여 있어 큰 무리를 가르쳤고 제자들이 안디옥에서 비로소 그리스도인이라 일컬음을 받게 되었더라" (행 11:24~26)

춘추시대, 진(晉)나라 평공(平公)이 어느 날 중신인 기황양(祁黃羊)에게 자문을 구했다. "남양현(南陽縣) 현장(縣長)의 자리가 지금 비어 있는데 누구를 그 직(職)에 임명하는 것이 좋겠소?"

기황양은 조금도 주저하지 않고 곧바로 대답하였다. "해호(解狐)가 가장 적합한 인물이라 생각됩니다. 그는 틀림없이 그 직(職)을 잘 감당할 것입니다."

평공(平公)은 뜻밖이라서 다시 물었다. "해호는 그대의 원수가 아니오? 하필이면 왜 그를 천거하는 것이오?"

당시 기황양(祁黃羊)과 해호(解狐)는 적대관계에 있었다. 기황양이 대답하였다. "전하께서는 남양현의 현장으로서 누가 적임자인지를 하문(下問)하셨지, 해호와 신(臣)이 원수 사이인지 아닌지를 하문하신 것이 아니잖습니까?"

이리하여 평공은 해호를 남양현의 현장으로 임명했는데 그는 임명을 받은 이후 백성들을 잘 다스려 많은 칭송을 받았다.

얼마 후 평공은 다시 기황양을 불러 자문을 구했다. "지금 조정에 법관 한 사람이 필요한데 그대는 누가 적당할 것 같소?" 이번에도 기황양은 거침없이 말했습니다. "기오(祁午)가 적당한 인물일 것 같습니다."

평공은 역시 뜻밖이라는 표정을 짓지 않을 수 없었다. 그리고 물었다. "기오(祁午)는 그대의 아들이 아니오? 아들을 천거한다면 사람들이 어떻게 생각하겠소?" 기황양은 태연하게 대답했다. "전하께서는 누가 법관에 적임자냐는 것을 하문하셨지 기오가 제 자식인지 아닌지를 하문하신 것은 아니잖습니까?"

평공은 이번에도 기황양의 천거대로 그의 아들 기오를 법관으로 임명했는데 그 역시 법관의 직책을 잘 감당하여 백성의 존경을 받게 되었다.

후일 이 이야기를 듣고 공자(孔子)는 "기황양이야말로 대공무사(大公無私)했다."라고 칭찬을 아끼지 않았다고 한다.

진서(晉書)에 나오는 이야기로 사람을 기용할 때는 사사로움에 치우치지 말고 공평무사하게 처리해야 할 것을 교훈하고 있다. 왜 우리는 어떤 직책에 사람을 기용할 때마다 그가 어느 지역 사람이며, 어느 학교 출신인가를 놓고 왈가왈부하며 말이 많은가? 적임자가 있다면 지연(地緣)과 학연(學緣)이 무슨 문제가 되는가?

바나바가 예루살렘 교회로부터 이방 안디옥에 파송된 일이 있었다. 주님의 은혜로 개종한 백성들이 많이 있다는 소문을 듣고 진상 파악을 위하여 파송되었던 것이다. 그가 안디옥에 이르러 보니 과연 그곳에 하나님의 은혜가 넘치고 있었다. 바나바는 그들을 양육했다.

그러나 자기 혼자의 힘으로는 안디옥 교회를 성장시키는 데 부족을 느껴 당시 길리기아 다소에 칩거하고 있던 사울(바울)을 찾아가 데리고 와서 함께 사역을 했다. 큰 부흥이 일어난 것은 말할 것도 없었다.(행 11:19~26) 바나바는 오직 안디옥 교회의 부흥을 위해서는 누가 뭐라고 해도 바울이 적임자임을 알고 발탁하여 성공했던 것이다.

주님의 제자 중에는 갈릴리 벳새다 출신이 적어도 다섯 명

이상이다.(베드로, 안드레, 야고보, 요한, 빌립) 어부 출신도 역시 다섯 명 이상이다. 그렇다고 해서 왜 주님은 같은 지역, 같은 직업을 가졌던 사람을 그렇게 많이 발탁했느냐고 묻는다는 것은 어리석은 일이다. 주님께서 산에 올라 밤이 새도록 기도하고 선택했기 때문이다.(눅 6:12~13; 막 3:13~15)

제자들은 전직(前職)과 출신지와 성품이 서로 다르다는 이유 때문에 합력하여 복음을 전파해야 하는 궁극적 사명을 감당하는 데 있어서 전혀 지장을 초래하지 않았다. 우리 모두 대공무사(大公無私)할 수 없는가!

대기만성(大器晚成)

"이 사람은 내 이름을 이방인과 임금들과 이스라엘 자손들에게 전하기 위하여 택한 나의 그릇이라."(행 9:15)

　예부터 사람들은 사람을 그릇으로 비유하기를 좋아했다. 그래서 누구는 그릇이 크고 누구는 그릇이 작다든지 또는 아무개는 깨끗한 그릇이고 아무개는 변변치 못한 그릇이라는 식으로 얘기했다.

　이미 성경도 사람을 그릇으로 종종 비유하고 있다. 하나님은 창조주시고 사람은 그의 만드신 바, 피조물임을 나타낼 때 토기장이와 질그릇으로 비유하기도 했고(사 45:9, 64:8; 롬 9:21) 큰 집에는 여러 종류의 그릇이 있다는 말씀으로 나타내기도 했다.(딤후 2:20)

　그렇다. 우리는 창조주 하나님께서 지으신 그릇이요, 하나님께서 쓰시기 위해서 만드신 그릇들이다. 그러므로 성경은 우리에게 하나님을 위하여 쓰임 받는 그릇이 되라고 권면한다.

"또한 너희 지체를 불의의 무기로 죄에게 내주지 말고 오직 너희 자신을 죽은 자 가운데서 다시 살아난 자같이 하나님께 드리며 너희 지체를 의의 무기로 하나님께 드리라."(롬 6:13)

하나님께 쓰임 받는 그릇이 되기 위해서는 우선 그 그릇이 클 필요가 있다. 그것은 많은 은사와 하나님의 능력을 담기 위함이요, 더 많은 사람을 포용하기 위함이다. 가끔씩 작은 그릇이 큰 그릇을 담으려다 깨어지는 경우가 있다. 그러므로 특별히 지도적 위치에서 쓰임 받으려면 큰 그릇이 되어야 한다.

그리고 그 그릇은 깨끗해야 한다. 더러운 그릇에 깨끗한 물건을 담을 수 없기 때문이다. 하나님나라의 가치로는 그 그릇이 무슨 재료로 만들어졌는가 하는 것보다 얼마나 깨끗하느냐가 더 중요하다. 그래서 성경은 말씀한다.

"큰 집에는 금 그릇과 은 그릇뿐 아니라 나무 그릇과 질그릇도 있어 귀히 쓰는 것도 있고 천하게 쓰는 것도 있나니

> 그러므로 누구든지 이런 것에서 자기를 깨끗하게 하면 귀히 쓰는 그릇이 되어 거룩하고 주인의 쓰심에 합당하며 모든 선한 일에 준비함이 되리라."(딤후 2:20~21)

그러나 그 어떤 그릇일지라도 쓰임을 받으려면 비어 있어야 한다. 뭔가로 가득 채워져 있는 그릇은 더 이상 아무것도 담을 수 없기 때문이다. 아무리 신령한 보화가 있다 할지라도 이미 가득 담겨 있는 그릇에는 담을 수가 없다. 얼마나 많은 사람들이 화려한 겉모습과는 달리 그 안에 지저분한 쓰레기로 채워져 있는가!

우리는 청결한 양심의 깨끗한 그릇인가? 우리는 비어 있는 겸손한 그릇인가? 국량(局量)이 넓어 신령한 은사를 담고, 많은 사람을 포용할 수 있는 큰 그릇인가?

모세는 젊은 시절을 다 보내고 나이 80세에 이스라엘 지도자로 사용되었다. 그는 하나님의 부르심을 받았을 때 "내가 누구이기에 바로에게 가며 이스라엘 자손을 애굽에서 인도하여 내리이까." 하고 겸손해져 있었다.(출 3:11) 다윗은 수많은 고난을 통하여 연단된 뒤에 이스라엘의 왕이 되었고, 다메섹 도상에서 부활하신 주님을 만나 그동안의 교만과 아집과 불의가 깨졌을 때 비로소 바울은 세계 선교사로 쓰임 받았다.

질그릇같이 깨지기 쉬운 그릇들을 하나님은 그렇게 만들어 사용하셨다. 아, 얼마나 많은 사람들이 하나님의 손에서 단련되고 훈련되었는가!

대체로 큰 그릇은 그래서 늦게 만들어질 수밖에 없지 않았을까? 주님은 바울을 큰 그릇으로 준비해 두고 말씀하셨다.

"이 사람은 내 이름을 이방인과 임금들과 이스라엘 자손들에게 전하기 위하여 택한 나의 그릇이라."(행 9:15)

덕불고 필유린 (德不孤 必有隣)

"우리 각 사람이 이웃을 기쁘게 하되 선을 이루고 덕을 세우도록 할지니라."(롬 15:2)

덕불고 필유린.(德不孤 必有隣) 이는 논어(論語) 이인편(里仁篇)에 나오는 말로, "덕(德) 있는 사람은 외롭지 않다. 반드시 이웃이 있기 마련이다."라는 뜻이다.

부패한 시대, 부도덕한 사회에서는 양심을 지키는 사람이 오히려 외롭게 보이고, 의로운 사람이 외면을 당할 수도 있다. 그러나 의롭고 덕 있는 사람에게는 언제나 마음의 이웃이 있기 마련이요, 반드시 동조자와 공명자(共鳴者)가 있다. 불의한 사람은 잃을지라도 찬성하고 추종하는 사람을 얻게 되는 것이다.

다윗이 사울 왕에게 쫓기어 심지어는 원수 나라 블레셋의 '가드'로 도망하여 생명을 부지하려 한 때도 있었다. 그러나 그

가화만사성 • **73**

곳에서도 예전에 골리앗을 죽인 다윗을 알아보는 사람이 있어 그는 남의 대문짝에 어기적거리며 침을 수염에 흘리면서 미친 척함으로써 위기를 넘겨야 했다.(삼상 21:10~15)

이처럼 자기 한 몸 부지하기도 어려운 다윗이 그곳을 떠나 아둘람 굴로 도피했을 때 소문을 듣고 그의 형제와 아버지의 온 집이 그리로 내려왔을 뿐 아니라 환란 당한 모든 자와 빚진 모든 자와 마음이 원통한 자가 다 그에게로 모였는데 그와 함께한 자가 무려 4백 명 가량이나 되었다고 했다.(삼상 22:1~2)

어찌 제 한 몸도 부지하기 힘들고 장래가 불투명한 사람에게 그 많은 사람들이 좇아왔을까? 그가 부덕(不德)하고 잔인하고 냉혹한 사람이었더라면 그렇게 모여들 수 있었을까? 그는 그 후 이스라엘의 제2대 왕으로 등극한다.

길르앗에 살던 입다가 "너는 다른 여인의 자식이니 우리 아버지의 집에서 기업을 잇지 못하리라." 하고 핍박하는 배다른 형제들을 피하여 돕이라고 하는 곳으로 내려와 살 때 많은 사람들이 그에게로 모여들었다.(삿 11:1~3)

어찌 기생의 아들이라는 불우한 신분으로 태어나 형제들에게도 구박을 받는 입다에게 그 많은 사람들이 모여들었을까? 그가 부덕하고 잔인하고 냉혹한 성품의 사람이었더라면 그렇게 모여들 수 있었을까? 그는 후에 암몬 족속을 물리치고 이스라엘의 지도자인 사사(士師)로 추대를 받았다.

욥바에 사는 다비다가 병들어 죽었을 때 그곳의 과부들이 그의 죽음을 가슴 아파했다. 그곳의 제자들이 베드로가 마침 가까운 룻다에 체재하고 있다는 것을 알고 급히 사람을 보내 청빙하였고 과부들은 다비다의 시체가 있는 다락에서 다비다가 저희와 함께 있을 때에 지어 준 속옷과 겉옷을 베드로에게 다 내보이며 울었다.

어려울 때 사랑을 입은 사람은 그 은덕을 쉬 잊을 수 없는 법이다. 나중에 베드로의 간절한 기도로 다시 살아나지만 다비다는 죽어서도 외롭지 않았다.(행 9:36~43)

그렇다. 덕 있는 사람은 외롭지 않다. 사랑이 풍성한 사람에게는 이웃이 있기 마련이다. 행여 "나는 왜 인덕(人德)이 없는가? 왜 나에게는 친절히 대해 주는 사람이 없는가?" 하고 탄식하는 사람이 있다면 냉정하게 자신을 향하여 물어볼 필요가 있다.

"나는 다른 사람에게 얼마나 친절했는가? 나는 다른 사람에게 얼마나 베풀었는가? 나는 다른 사람 앞에서 얼마나 겸손했는가?"

덕 있는 사람은 결코 외롭지 않다. 후원자가 있고 추종자가 있고 반드시 따뜻한 이웃이 있기 마련이다. 성경은 말씀한다.

"우리 각 사람이 이웃을 기쁘게 하되 선을 이루고 덕을 세우도록 할지니라."(롬 15:2)

동가식 서가숙 (東家食 西家宿)

"한 사람이 두 주인을 섬기지 못할 것이니 혹 이를 미워하고
저를 사랑하거나 혹 이를 중히 여기고 저를 경히 여김이라
너희가 하나님과 재물을 겸하여 섬기지 못하느니라." (마 6:24)

옛날 중국의 제(齊)나라에 아리따운 처녀가 살고 있었다. 혼기가 찼는데 마침 두 총각이 거의 동시에 청혼을 해 왔다. 하나는 동쪽 마을에 사는 총각이었고, 다른 하나는 서쪽 마을에 사는 총각이었다.

처녀의 부모가 사윗감들의 조건을 보니 양쪽이 모두 장단점을 가지고 있었다. 동쪽 마을에 사는 총각은 부호의 집 아들인데 얼굴이 못생겼고, 서쪽 마을에 사는 총각을 보니 얼굴은 미남인데 아주 가난뱅이네 집 아들이었다.

예부터 물도 좋고 정자도 좋은 곳은 없다고 했다던가. 처녀의 부모는 누구로 결정할까 오랜 동안 고민하다 당사자인 딸의 의향에 맡기기로 하였다. 그래서 동쪽 마을에 사는 총각이 마음

에 들면 왼팔을 들고, 서쪽 마을에 사는 총각에게 시집을 가고 싶으면 오른쪽 팔을 들도록 했다. 그랬더니 처녀는 조금의 망설임도 없이 두 팔을 동시에 번쩍 드는 게 아닌가. 그리고 말했다.

"음식은 부자인 동가(東家)에서 먹고, 잠은 미남(美男)이 사는 서가(西家)에서 자겠습니다."

양쪽의 좋은 점만 다 차지하려 했더니 욕심이 되었고, 욕심을 만족시키려다 보니 예절도, 정절도, 질서도 없는 생각을 한 것이다. 욕심은 사람을 무분별하게 만들고 분수를 잃게 한다. 그리고 무분별한 욕심은 신의나 도덕이나 질서 같은 개념들을 거추장스러운 것으로 여기게 한다.

오늘을 사는 현대판 제(齊)나라의 아리따운 처녀들이여, 한 팔은 내려야 한다. 돈을 사랑했으면 그 사람의 못생긴 얼굴도 감수해야 하고, 얼굴 잘생긴 것을 취택하려면 그 사람의 가난도 받아들여야 한다. 진정한 사랑은 그 사람의 장점만 사랑하는 것이 아니라, 그 사람의 약점까지도 포함시켜 사랑하는 것이다.

주님을 사랑하는 모든 분들이여, 신앙은 결단이다. 생명이 아닌 우상을 버리는 것이요, 길이 아니면 가지 않는 것이요, 오직 진리만 기쁘게 붙드는 것이다. 그래서 신앙은 또한 정절이다.

우리는 주님을 사랑하기 때문에 그가 주시는 축복을 기뻐해야 하지만 그가 남겨 준 고난의 길도 사랑해야 한다. 그래서 신앙의 길은 영생과 축복의 길이면서 좁은 길, 십자가의 길이기도 하다.

우리는 세상과 주님을 같이 사랑할 수는 없다. 그래서 신앙은 또한 나를 사랑하시는 주님께 좌로나 우로나 치우치지 않는 우리의 영혼을 드리는 바른 예절인 것이다. 주님이 말씀하셨다.

"한 사람이 두 주인을 섬기지 못할 것이니 혹 이를 미워하고 저를 사랑하거나 혹 이를 중히 여기고 저를 경히 여김이라 너희가 하나님과 재물을 겸하여 섬기지 못하느니라."(마 6:24)

마부작침 (磨斧作針)

磨斧作針

"나는 선한 싸움을 싸우고 나의 달려갈 길을 마치고 믿음을 지켰으니 이제 후로는 나를 위하여 의의 면류관이 예비되었으므로 주 곧 의로우신 재판장이 그날에 내게 주실 것이며 내게만 아니라 주의 나타나심을 사모하는 모든 자에게도니라." (딤후 4:7~8)

당(唐)나라의 시인 이백(李白)의 어렸을 때의 일화다. 그는 상의산(象宜山)에 들어가 훌륭한 선생님 밑에서 수학(修學)을 하고 있었다. 그러나 중도에 공부가 하기 싫어서 선생님께 말씀도 드리지 않고 어느 날 산을 내려오고 말았다. 집을 향하여 걷고 있는데 흐르는 냇가에 앉아서 열심히 뭔가를 바위에 갈고 있는 노파가 있었다. 가까이 가 보니 큼직한 도끼를 바위에 갈고 있는 게 아닌가. 이백은 궁금해서 물었다. "할머니, 왜 도끼를 갈고 계십니까?"

노파가 대답했다. "바늘을 만들려는 것이지." 기가 막혔다. 그래서 다시 한 번 물었다. "그렇게 큰 도끼를 간다고 어느 세월에 바늘이 될까요?" 그러나 그 노파는 조금도 흐트러짐이 없이 계속 도끼를 갈면서 대답하는 것이었다.

80 • 하나님 말씀의 이해를 돕는 고사성어

"중도에 그만두지만 않는다면 안 될 리 없지."

이백(李白)은 자신의 행동이 부끄러워 그 즉시 오던 길로 돌아가 산으로 들어가서 열심히 공부했고 후에는 시선(詩仙)이라는 이름을 얻을 정도의 대성한 시인(詩人)이 될 수 있었다. 그렇다. 도끼도 계속 갈면 바늘이 만들어질 수 있다.(磨斧作針) 포기하지 않고 꾸준히 노력하면 목적을 달성할 수 있다.

말년에 바울 사도는 사랑하는 믿음의 아들 디모데에게 편지를 쓰면서 데마는 이 세상을 사랑하여 자신을 버리고 데살로니가로 떠났다고 술회했다.(딤후 4:10) 얼마나 많은 사람들이 환경과 처지를 비관하고 유혹과 핍박을 견디지 못하여 중도에 포기하고 실패의 길을 걸었는가.

그러나 또한 얼마나 많은 사람들이 환경과 처지와 방해를 극복하고 꾸준히 노력하여 승리의 개가를 불렀는가. 바울 사도는 고백했다.

"나는 선한 싸움을 싸우고 나의 달려갈 길을 마치고 믿음을 지켰으니 이제 후로는 나를 위하여 의의 면류관이 예비되었으므로 주 곧 의로우신 재판장이 그날에 내게 주실 것이

며 내게만 아니라 주의 나타나심을 사모하는 모든 자에게도 니라."(딤후 4:7~8)

그렇다. 천국은 그 길을 막는 방해와 싸워 이긴 사람이 차지한다. 경주자처럼 열심히 달리면서 중도에 포기하지 않고 끝까지 믿음을 지킨 자만이 면류관을 얻을 수 있다.

목적이 옳은 기도라면 응답이 올 때까지 포기하지 말아야 한다. 쉬지 말고 기도해야 한다.(살전 5:17) 사랑할 가치가 있다면 끝까지 사랑해야 한다. 우리 예수님은 자기 사람들을 사랑하시되 끝까지 사랑하셨다.(요 13:1) 주님을 위해서라면 충성하되 끝까지 해야 한다. 죽도록 충성하라는 말씀은 죽는 순간까지 죽을힘을 다해 충성하라는 의미가 포함되어 있다.(계 2:10) 도끼도 계속 갈면 바늘이 될 날이 있다.

맹모단기지교 (孟母斷機之敎)

"보라 자식들은 여호와의 기업이요 태의 열매는 그의 상급이로다."
(시 127:3)

맹자(孟子)는 가난한 선비 집에 태어나 어려서 아버지를 여의고 홀어머니 손에 자랐다. 그런 그가 성인(聖人)이라 추앙을 받는 인물이 될 수 있었던 것은 어머니의 교육과 무관하지 않다.

맹모단기지교(孟母斷機之敎)는 맹모삼천지교(孟母三遷之敎)와 더불어 맹자 어머니의 교육관을 보여 주는 참으로 의미 깊은 일화다.

맹자가 어렸을 때 맹자의 어머니는 자녀의 교육만을 위해서 세 번이나 이사를 해야 했다. 처음엔 공동묘지 근처에 살았는데 맹자는 늘 묘지를 파며 곡(哭)을 하고 장사(葬事)지내는 흉내만 내며 노는 것이었다. 교육상 좋지 않다고 생각한 맹자의 어머니는 시장(市場) 근처로 이사를 했다. 그랬더니 이제는 물건을 사고파는 장사꾼 흉내를 내고 노는 것이 아닌가. 이곳도 역시 안 되겠다고 생각한 맹자의 어머니는 서당 근처로 이사를 했다. 그랬더니 어린 맹자는 공부하는 흉내만 내면서 지내는 것이었다. 이곳이야말로 자녀를 양육하는 데 적합한 곳이라 여긴 맹자의 어머니는 더 이상 이사를 하지 않았다.

자녀의 교육을 위한 어머니의 관심과 정성 그리고 어렸을 적의 교육환경이 얼마나 중요한 것인가를 깨우쳐 주는 이른바 맹모삼천지교의 일화다. 이와 함께 맹모단기지교는 양육하는 부모가 얼마나 단호해야 하는가를 일깨워 주는 일화다.

맹자가 조금 자라자 맹자의 어머니는 맹자를 훌륭한 선생님에게 맡겨 공부를 시키기로 했다. 그 때문에 맹자는 어린 나이에 집을 떠나 타향에서 공부를 해야 했다. 어느 날이었다. 맹자가 느닷없이 집으로 돌아왔다. 어린 나이에 어머니가 보고 싶어서였다. 그때 맹자의 어머니는 베틀에 앉아서 베를 짜는 중이었다. 맹자의 어머니는 맹자가 오랜만에 돌아왔지만 반기기는커녕 베틀 앞에 앉은 채 물었다. "글은 얼마나 배웠느냐?"

맹자가 대답했다. "별로 진전하지 못했습니다."

그러자 맹자의 어머니는 지금까지 짜고 있던 베의 날실을 칼로 끊어 버렸다. 맹자가 놀라서 "어머니, 그 베는 왜 끊어 버리십니까?" 하고 달려들었을 때 맹자의 어머니는 대답했다.

"네가 학문을 그만두고 돌아온 것은 지금 내가 짜던 베를 끊어 버리는 것과 다름이 없다."

크게 깨달은 맹자는 그 길로 다시 스승에게로 돌아가 전보다 더욱 열심히 공부하여 마침내 훌륭한 인물이 될 수 있었던 것이다. 그렇다. 부모의 가정교육이 자녀에게 얼마나 큰 영향을 주는지, 그것도 어렸을 때의 교육이 얼마나 중요한지는 이제 더 이상 강조할 필요가 없는 교육 이론이 되었다.

모세가 이스라엘의 위대한 지도자가 된 것은, 그들 부모가 애굽의 학정 속에서도 담대한 믿음으로 그를 보호한 것과 바로의 딸인 공주의 아들이 된 모세의 유모가 되어 하나님과 조국에 대하여 교육한 것과 무관할 수 없다. 사무엘이 하나님 앞에서 청렴하고 신실한 지도자가 된 것은 그의 어머니 한나의 눈물의 기도와 무관하지 않을 것이다.

바울은 디모데에게 편지하면서 그가 청결한 양심으로 하나님을 섬기는 것은 조상 때부터 전수된 것이고 그의 거짓 없는 믿음은 그의 외조모 로이스와 어머니 유니게의 속에 있었던 것이라고 했다.(딤후 1:3~5)

모니카 여사의 끝없는 눈물의 기도로 세기의 탕자였던 그의 아들 어거스틴(Augustine)이 하나님 앞으로 회개하며 돌아오자 암브로시우스(Ambrosius) 감독은 "어머니의 눈물의 기도를 받고 자란 자식은 결코 망하지 않는다."라고 했다던가.

자식들은 여호와의 기업이요, 태의 열매는 그의 상급이다.(시 127:3) 하나님께서 주신 이 선물(자녀)을 어떻게 바르게 키워 내느냐 하는 가장 중요한 문제는 부모의 신앙이나 교육관과 무관할 수 없다.

맹모매육 (孟母買肉)

"나는 너희를 위하여 기도하기를 쉬는 죄를 여호와 앞에 결단코 범하지 아니하고 선하고 의로운 길을 너희에게 가르칠 것인즉"
(삼상 12:23)

    맹자(孟子)가 어렸을 때 하루는 이웃집에서 돼지 잡는 것을 보고 어머니에게 물었다. "동편 집에서 돼지를 잡아 무엇을 하려는 것입니까?" 맹자의 어머니는 웃으며 "네게 고기를 먹이려고 잡는 것이란다."라고 대답해 주었다. 무심코 한 거짓말이었다. 그러나 말을 마치고 맹자의 어머니는 곧 후회하였다.

    "태아 때부터 이 아이를 위해서 내가 교육을 했는데 이제 막 사물을 알기에 이르러 그를 속인다면 이것은 내가 성실하지 못한 게 아닌가." 맹자의 어머니는 곧바로 동편에 있는 그 이웃집으로 가서 돼지고기를 사다가 맹자로 하여금 먹도록 했다는 고사(故事)가 있다.

    우리는 자녀들 앞에서 어떻게 말하고 또 행동하는가? 받기

거북한 사람으로부터 걸려 온 전화를 피하고 싶을 때 무심코 "없다고 하렴."이라고 자녀들에게 거짓말을 시킨 일은 없는가? 길을 건너야 할 때 바쁘다는 핑계로 자녀의 손을 잡고 아무 데서나 무단횡단한 일은 없는가? 자동차에 자녀를 태우고 과속이나 차선위반이나 추월 같은 일을 서슴지 않고 한 적은 없는가? 길을 가면서 껌이나 침을 아무 데나 뱉은 일은 없는가? 약속을 하고도 아무렇지 않게 어긴 일은 없는가? 아이들 앞에서 남을 헐뜯고 깔보며 흉을 본 일은 없는가? 아이들 앞에서 의견 차이로 부모가 싸우고 서로 욕설을 퍼부은 일은 없는가?

그러면서도 우리는 우리의 자녀들만은 절대로 나쁜 사람이 되지 않을 것이라는 막연한 기대와 소망을 가지고 산다. 예절 바르고 질서 있고 건전한 사회인이 될 것이라고 생각한다. 그리고 행여나 밖에 나가서 잘못 교육된 아이들을 만나서 옳지 못한 행위를 배우면 어떻게 하나, 걱정을 한다.

정말 우리의 자녀들은 다른 아이들로부터 잘못된 것을 배워 가지고만 오는가? 오히려 다른 아이들에게 잘못된 행위를 가르쳐 주는 일은 하지 않는가? 따지고 보면 거리에 나와 있는 무례한 아이들, 난폭한 아이들은 모두 우리 가정에서 내보낸 아이들이 아닌가!

우리의 귀여운 자녀들은 은연중 우리의 말과 행동을 본받고 있다. 그리고 그 자녀들은 우리가 가르치는 말보다 우리가 행하는 행위를 더 잘 본받는다. 그렇기에 훗날 그들이 장성했을 때 우리가 지금 예사롭게 행했던 그 행위를 그대로 재연할지도 모른다.

백성 앞에서 "나는 너희를 위하여 기도하기를 쉬는 죄를 여호와 앞에 결단코 범하지 아니하고 선하고 의로운 길을 너희에게 가르칠 것인즉"(삼상 12:23)이라고 선언한 기도의 사람 사무엘은 이미 기도하는 어머니 한나의 아들이며, 아들을 주시면 평생에 그를 여호와께 드리기로 서원하고 실제로 하나님께서 아들을 주시자 그 서원한 바대로 하나님께 드린 한나의 아들이다.(삼상 1:11, 18) 기도하는 아들 위에 기도하는 어머니가 있었고 신실한 어머니 밑에 신실한 아들이 있었다.

미생지신 (尾生之信)

"그의 눈은 망령된 자를 멸시하며 여호와를 두려워하는 자들을 존대하며 그의 마음에 서원한 것은 해로울지라도 변하지 아니하며"(시 15:4)

춘추시대, 노(魯)나라에 미생(尾生)이란 사람이 있었다. 그는 어떤 일이 있든지 약속을 어기는 법이 없는 사람이었다. 어느 날 그는 애인과 다리 밑에서 만나기로 약속하고 정시에 약속 장소에 나갔으나 웬일인지 애인이 나타나지 않았다. 미생이 계속 그녀를 기다리고 있는데 갑자기 장대비가 쏟아져 개울물이 불어나기 시작했다. 그럼에도 미생은 약속 장소를 떠나지 않고 애인을 기다리다가 결국 교각을 끌어안은 채 익사하고 말았다.

이 고사(故事)에 나오는 미생(尾生)을 두고 약속을 굳게 지킨 신의의 사람이라고 긍정적 평가를 내리는 사람이 있고, 고지식하고 융통성이 없는 사람이라고 부정적 평가를 내리는 견해도 있다.

전국시대(戰國時代)의 소진(蘇秦)은 연(燕)나라 소왕(昭王)을 설파할 때 신의 있는 사람의 본보기로 미생의 이야기를 들었다. 사기(史記)의 소진열전(蘇秦列傳)에 나온다.

그러나 같은 전국시대를 산 장자(莊子)의 견해는 달랐다. 『장자』(莊子) 도척편에서 공자(孔子)와 유명한 도적이었던 도척이 나누는 대화 중에 도척의 입을 통해 미생을 이렇게 비평하고 있다.

"이런 인간은 책형(죄인을 기둥에 묶고 창으로 찔러 죽이는 형벌) 당한 개나 물에 떠내려간 돼지, 아니면 쪽박을 들고 빌어먹는 거지와 마찬가지다. 쓸데없는 명목에 구애되어 소중한 목숨을 소홀히 하는 인간은 진정한 삶의 길을 모르는 놈이다."

여러분은 어떻게 생각하는가? 미생의 죽음이 약속과 신의를 지킨 위대한 정신인가? 아니면 생명을 소홀히 여긴 고지식하고 융통성 없는 어리석은 정신인가?

우리는 신의와 약속을 생명처럼 여기고 지켜야 한다. 특별히 하나님과의 약속이나 서원은 틀림없이 지켜드려야 한다. 왜냐하면 하나님은 신실하신 분이요, 우리와의 약속을 틀림없이 지키시는 언약의 하나님이시기 때문이다.

사사 입다는 암몬 자손과 싸우러 나갈 때 하나님께 서원했다. "주께서 과연 암몬 자손을 내 손에 넘겨주시면 내가 암몬 자손에게서 평안히 돌아올 때에 누구든지 내 집 문에서 나와서 나를 영접하는 그는 여호와께 돌릴 것이니 내가 그를 번제물로 드리겠나이다."(삿 11:30~31)

그런데 어떻게 되었는가? 암몬 자손들과 싸워 이기고 돌아오는데 맨 먼저 승리를 축하하며 나온 사람은 자신의 무남독녀였다. 사사 입다는 그러나 하나님과의 약속이기 때문에 그 딸을 하나님께 드렸다.

성경은 서원하였거든 갚기를 더디게 하지 말라고 말씀하고,(전 5:4~5) 그의 마음에 서원한 것은 해로울지라도 변하지 말 것을 요구하고 있다.(시 15:4)

물론 사람과의 약속도 지켜야 한다. 약속을 파기하는 사람이 신실할 수는 없다. 그리고 신실하지 않은 사람이 세상에서 인정받을 수는 없는 것이다.

그러나 간혹 잘못된 약속이 있을 수 있다. 불의한 약속이나 여러 사람에게 해를 끼치는 약속까지 지켜야 하는가? 약속할 때는 몰랐는데 나중에 생각해 보니 잘못된 것일 때 더 나은 결과를 위하여 정중히 사과하고 약속을 어길 수 있는 것이다.

그러나 하나님은 신실한 사람을 원한다는 것을 항상 기억해야 한다. 자기 유익을 위해서 다반사로 약속을 파기하는 것은 결코 옳은 태도가 아니다. 결국 우리의 신실함은 하나님께는 어리석다고 할 만큼 약속을 지키고, 사람 관계에서는 지혜롭다고 할 만큼 약속을 지켜야 한다. 그러나 무엇보다도 중요한 것은 약속은 누구하고든 신중하게 체결할 것!

제3부
반포지효

반포지효
배수지진
백년하청
백문불여일견
백인
백전백승
부화뇌동
불광불급
사면초가
사이비
새옹지마
선시어외
수주대토
순망치한
십시일반

반포지효 (反哺之孝)

"자녀들아 너희 부모를 주 안에서 순종하라 이것이 옳으니라 네 아버지와 어머니를 공경하라 이것이 약속 있는 첫 계명이니 이는 네가 잘 되고 땅에서 장수하리라."(엡 6:1~3)

옛날, 옛날 아주 오랜 옛날에 어미 까마귀와 새끼 까마귀가 살았다. 어미 까마귀는 새끼 까마귀를 키우기 위하여 열심히 먹이를 물어다 주며 정성스럽게 돌보았다. 그 덕분에 새끼 까마귀는 무럭무럭 자라서 장성했다.

그러는 동안 어느덧 세월이 흘러 어미 까마귀는 늙었고 스스로 먹이를 구할 수가 없게 되었다. 그러자 이번에는 다 자란 새끼 까마귀가 어미 까마귀에게 먹이를 구하여 돌봐 드렸다.

이 속설에서 유래된 고사성어가 반포지효(反哺之孝)다. 물론 자식은 성장하면 부모의 은혜에 보답해야 한다는 교훈이 담겨 있는 말이다.

이 말과 같은 뜻으로 쓰이는 '안갚음'이라는 순수한 우리말이 있다. 역시 까마귀 새끼가 자란 뒤에 늙은 어미 까마귀에게 먹을 것을 물어다 준다는 이야기에서 나온 말이다.

자식은 왜 부모에게 효성을 다해야 하는가? 그것은 이유를 물어볼 필요가 없을 만큼 아주 당연한 일이기 때문이다. 굳이 그 이유를 말하여야 한다면 자식은 부모로부터 필설로 설명할 수 없는 큰 사랑을 입었기 때문이라고 말할 수밖에 없다.

예수님은 "너희 중에 누가 아들이 떡을 달라 하면 돌을 주며 생선을 달라 하면 뱀을 줄 사람이 있겠느냐."(마 7:9)라고 하심으로 자식에 대한 부모의 사랑을 말씀하신 바 있다. 실로 자식을 위한 부모의 사랑은 헌신적이다. 자식을 위해서는 무엇이라도 할 수 있는 것이 부모의 마음이요, 나는 못 입고 못 먹어도 자식에게는 좋은 음식 먹이고 좋은 옷 입히고자 하는 것이 부모의 생각이다. 온갖 희망을 자식에게 두고 그 자식을 위하여 일생동안 헌신하는 것이 부모의 사랑이다.

문제는 그런 부모의 마음과 희생적 사랑을 자식들이 얼마만큼 알아주고 갚아 드리느냐 하는 것이다. 진정 오늘날 우리 사회에 까마귀 새끼가 어미 까마귀의 은혜를 잊지 않고 봉양하듯 그런 마음으로 부모를 섬기는 자식들이 얼마나 있을까?

어떤 몰지각한 자식들은 어렸을 때 부모님으로부터 책망이나 꾸중 들은 일을 잊어버리지 않고 '안갚음'이 아니라 '앙갚음' 하는 사람도 있다고 한다. 무서운 세상이요, 인륜과 도덕이 땅에 떨어진 어둠의 세상이 아닌가. '앙갚음'은 남이 자기에게 해(害)를 끼친 것을 잊어버리거나 용서하지 못하고 마음에 새겨 두었다가 후에 보복하는 것을 의미하는 말이다.

부모의 책망을 사랑으로 받지 못하고 그것을 잔소리나 꾸중으로만 알고 새겨 두었다가 그것을 원수에게 하듯 되갚으려 하는 사람이 있다면 과연 그 사람이 제정신이겠는가? 늙은 부모를 학대하는 사람이 있다고 종종 보도되는데 이런 사람들이 과연 제정신이 있는 사람들인가!

너무나 진부한 표현이지만 부모님의 은혜는 하늘보다 높고 바다보다 깊다. 자식을 낳고 기르는 데 진액을 소진한 분들이 부모님이시다. 그러므로 효도는 강요할 필요가 없는 것이다. 하지 말라고 억지로 말려도 할 수밖에 없는 인륜이다.

지금 부모님이 살아 계셔서 모시고 있는 사람은 행복한 사람이다. 효도할 수 있는 기회가 아직 남아 있기 때문이다. 최선을 다하여 섬기시라. 그러나 이미 부모님을 먼저 보내고 가끔씩 허전한 마음으로 남몰래 '아버지' 또는 '어머니'를 불러 보는 사람은 위로가 필요한 사람이다.

세월은 언제까지나 부모님을 우리 곁에 붙들어 주지 않는다. 어떻게 부모 생전에 부모님의 마음을 기쁘게 해드릴까 생각하는 그 순간에 효도는 시작된다.

"자녀들아 너희 부모를 주 안에서 순종하라 이것이 옳으니라 네 아버지와 어머니를 공경하라 이것이 약속 있는 첫 계명이니 이는 네가 잘 되고 땅에서 장수하리라."(엡 6:1~3)

"네 부모를 공경하라 그리하면 네 하나님 여호와가 네게 준 땅에서 네 생명이 길리라."(출 20:12)

배수지진 (背水之陣)

"손에 쟁기를 잡고 뒤를 돌아보는 자는 하나님나라에 합당하지 아니하니라." (눅 9:62)

한(漢)나라의 명장 한신(韓信)이 조(趙)나라와 싸울 때였다. 조(趙)나라는 20만 군사를 동원하여 한(漢)나라 군사가 쳐들어오는 길목을 지키고 있었다.

적은 군사로 많은 적을 이기려면 지략이 필요했다. 한신(韓信)은 2천여 기병(騎兵)을 조(趙)나라 군대의 성채 뒷산에 비밀리에 매복시키고 또 1만의 군사는 후방에 강(江)을 등지고 진(陣)을 치게 한 다음 자신은 본대(本隊)를 이끌고 조(趙)나라 성을 향하여 진격해 들어갔다. 조나라 군사와 몇 차례 접전 끝에 한신은 거짓으로 패하는 척하면서 후퇴하여 강을 등지고 진을 친 부대와 합류하여 싸웠다. 강을 등지고 있었기 때문에 물러설 길이 없는 한나라 군사는 필사적으로 싸웠다.

이를 견디지 못한 조(趙)나라 군사가 성으로 되돌아와 보니 이미 한신(韓信)이 매복해 두었던 기병들이 성을 점령하고 있었고 이 전쟁은 한신 장군이 이끄는 한(漢)나라의 대승리로 끝났다.

후에 장수들이 한신 장군에게 배수진(背水陣)을 치고 싸운 이유를 묻자 그는 대답했다. "우리 군사는 이번에 급히 편성한 오합지졸(烏合之卒)이 아닌가. 이런 군사는 사지(死地)에 두어야만 필사적으로 싸우는 법일세."

이스라엘 백성들이 하나님의 특별한 은총과 기적으로 애굽을 나와 홍해를 건넜을 때 그것은 이제 애굽으로 다시 돌아갈 수 없다는 것이요, 돌아갈 필요도 없다는 것, 다시 말하면 애굽과의 단절을 의미하는 것이 아니었을까?

그러나 그럼에도 불구하고 이스라엘 백성들은 광야 행진 중에 조금만 어려운 일을 만나면 애굽을 그리워하며 애굽으로 돌아가서 애굽 사람을 섬기는 것이 낫겠다고 모세와 아론을 원망했다.(출 16:3; 민 11:5, 14:3) 지금 젖과 꿀이 흐르는 약속의 땅, 가나안을 향하여 가고 있으면서도 사백 년 이상 종살이를 하다 보니까 노예 기질이 형성되고 노예 근성이 생겼기 때문이었을 것이다.

천신만고 끝에 사십 년 광야생활을 마치고 새로운 지도자 여호수아의 인도로 이스라엘은 요단 강을 건넜다. 이제 가나안을 정복하기 위해서 맨 먼저 그들 앞에 장애물로 우뚝 서 있는 견고한 성(城) 여리고를 무너뜨려야 했다.

하나님께서는 이스라엘이 광야 길로 다시 되돌아갈 생각을 아예 하지 못하도록 요단 강을 등지고 진을 치라 하셨는지 모른다. 법궤를 앞세우고 육지처럼 건넌 요단 강물은 그때 마침 곡식을 거둘 때라서 가장 많이 넘치고 있었다. 이스라엘 백성들은 그 요단 강을 등지고 여리고 성을 향하여 진격하였고 결국 난공불락으로 여겼던 여리고 성을 함락시켰다.

오늘 우리는 영원한 천성을 향하여 전진하고 있다. 필연적으로 만나는 선한 싸움을 싸우며 가고 있다. 추억은 때로 그것이 죄악 되고 불행스런 일일지라도 아름답게 느껴질 수 있도록 만든다. 그리하여 우리로 하여금 뒤돌아서도록 유혹하지만 그러나 예수님은 "손에 쟁기를 잡고 뒤를 돌아보는 자는 하나님나라에 합당하지 아니하니라."라고 했고(눅 9:62) 성경은 죄악 된 과거로 되돌아가는 것을 개가 그 토하였던 것에 돌아가고, 돼지가 씻었다가 더러운 구덩이에 도로 눕는 것으로 비유하고 있다.(벧후 2:22) 우리는 홍해도 건넜고 요단 강도 건넜다. 오직 전진만 있을 뿐이다.

백년하청 (百年河淸)

"근신하라 깨어라 너희 대적 마귀가 우는 사자같이 두루 다니며 삼킬 자를 찾나니" (벧전 5:8)

　춘추시대 주(周)나라 영왕(靈王) 7년에 정(鄭)나라가 위기에 빠졌다. 정(鄭)나라의 경대부(卿大夫)인 자국(子國)과 자이(子耳)가 채(蔡)나라를 징벌하였기 때문이었다. 당시 채(蔡)나라는 초(楚)나라의 속국이었기에 자기의 속국을 침략한 나라를 초(楚)나라가 가만 둘 리가 없었다. 꼼짝 없이 정(鄭)나라는 초(楚)의 보복공격을 받게 되었던 것이다.

　정(鄭)나라에서는 곧 중신들이 모여 대책을 논의하기 시작했다. 그러나 결론은 쉽게 나지 않았다. 초(楚)에 항복하자는 화친론(和親論)과 진(晋)나라의 구원군을 기다리며 싸우자는 주전론(主戰論)이 팽팽히 맞섰기 때문이었다. 이때 대부(大夫)인 자사(子駟)가 말했다.

"주(周)나라 시(詩)에 '황하(黃河)의 흐린 물이 맑아지기를 기다린다 해도 인간의 짧은 수명으로는 아무래도 부족하다.' 라는 말이 있듯이 지금 진(晋)나라의 구원군을 기다린다는 것은 백년하청(百年河淸)일 뿐이오. 그러니 일단 초(楚)나라에 항복하여 백성들의 불안을 씻어 주도록 합시다."

그는 약한 나라로서 무모하게 강한 나라와 싸움으로 백성들이 괴로움을 당하는 것을 원치 않았던 것이다. 춘추좌씨전(春秋左氏傳)에 나오는 고사(故事)로 백년하청(百年河淸)이란 말은 백년을 기다린다 해도 황하(黃河)의 흐린 물은 맑아지지 않는다는 뜻으로 아무리 오래 기다려도 소용없음을 비유할 때 쓴다.

완악했던 바울도 결국 부활하신 주님을 만나고 변화되었다. 그리고 복음 전파자로 변신했고 그 복음을 위하여 순교까지 했다. 아버지에게 자기 몫의 유산을 달라고 하여 집을 나갔던 탕자도 결국은 회개하고 돌아왔다. 어디 이런 사람들이 하나, 둘인가?

그러나 백년이 지나고 천년이 지나도 변치 않고 영원히 돌아서지 않는 세력이 있다. 어둠의 세력, 사탄이다. 그들은 아무리 사랑으로 포용하고 권해도 돌아서지 않는다. 때로 양(羊)의 탈을 쓰고 접근해 오지만 그러나 그의 속셈은 이리다. 우는 사자처럼 두루 다니며 삼킬 자를 찾는 것이 그들의 속성이다. 그것들의 무기는 폭력이요, 분열이요, 증오와 질시와 파괴와 참소와 감언이설이다. 폭력으로 위협하고 회유하며 유혹하여 넘어뜨리기를 자기들이 영원한 불못에 들어가기까지 할 것이다.

그러므로 그것들에게서 회개를 기대하지 말아야 한다. 그것은 환상에 불과한 것이다. 황하(黃河)가 맑아질 수는 있어도 그것들은 돌아서지 않는다. 그러므로 행여 유혹 당하지 말아야 한다. 그것들의 하수인이 되지 말아야 한다.

어떤 경우에도 폭력과 분란과 증오와 파괴는 성령의 역사가 아니다. 그 폭력과 파괴의 역사 배후에는 사탄의 사주가 있다. 이 세상은 악한 영의 사주를 받은 세력들이 날뛰는 곳이다. 자기들의 때가 얼마 남지 않았음을 아는 그것들은 더욱 기승을 부릴 것이다. 법과 질서를 무시하고 파괴하며 부도덕을 자행할 것이다.

그러므로 이를 대항하여 정신을 차리고 근신하며 더욱 믿음에 굳게 서야 한다. 하나님의 말씀으로 무장하여 분별하고, 성결한 생활로 자신을 지키고, 그리스도 예수 안에서 성령의 하나

되게 하심을 힘써 지켜 단결해 나가야 할 것이다. 갈등과 분열은 사탄에게 문을 열어 주는 일이다.

백문불여일견(百聞不如一見)

"내가 행한 모든 일을 내게 말한 사람을 와서 보라 이는 그리스도가 아니냐."(요 4:28~29)

전한(前漢)의 제9대 황제인 선제(宣帝) 때의 일이다. 서북 변방의 티베트계 유목민족인 강족(羌族)이 쳐들어왔다. 한나라 군사는 필사적으로 막았지만 대패하고 말았다. 선제(宣帝)는 당시 70이 넘은 노장(老將), 조충국(趙充國)에게 자문을 구했다.

조충국은 제7대 황제인 무제(武帝) 때부터 오랑캐 토벌에 혁혁한 공을 세운 사람이었다. 그는 강족(羌族)을 토벌하는 데 적임자가 누구냐고 묻는 선제(宣帝)에게 서슴없이 자신만이 적임자가 될 것이라 했다. 선제(宣帝)가 그에게 "강족(羌族)을 토벌하는 데 어떤 계책이라도 있느냐?"라고 다시 물었고 조충국(趙充國)은 대답했다.

"폐하, 백 번 듣는 것이 한 번 보는 것만 못하옵니다.[百聞不如

一見] 무릇 군사(軍事)란 실지를 보지 않고 헤아리기 어려운 법이오니 신(臣)을 현장에 보내 주십시오. 계책은 현지를 살펴본 다음에 아뢰겠습니다."

이리하여 선제(宣帝)의 윤허를 받고 현지 조사를 마친 조충국은 계책을 세워 강족(羌族)의 반란을 진압했다.

그렇다. 백 번 듣는 것보다 한 번 보고 체험하는 것이 낫다. 그래서 현장학습, 현장여행 등이 실시되지 않는가. 그럼에도 많은 사람들이 왕왕 들리는 소문만 듣고 추측하거나 단정하고 선입주견(先入主見)으로 평가함으로 낭패를 보는 경우가 있다.

빌립은 주님의 부르심을 받고 예수님이야말로 메시아 되심을 확신한 다음 친구인 나다나엘을 찾아갔다. 그리고 "모세가 율법에 기록하였고 여러 선지자가 기록한 그이를 우리가 만났으니 요셉의 아들 나사렛 예수니라."라고 증거 했다. 그러나 그 증거를 받은 나다나엘은 "나사렛에서 무슨 선한 것이 날 수 있느냐?"라고 자신의 선입주견으로 빌립의 증거를 일축해 버렸다. 그러나 빌립은 자신이 직접 주님을 만나 보고 확신한 일이었기에 물러서지 않고 말했다. "와 보라!"

이론보다도, 소문보다도, 상상이나 선입견보다도 정확한 것은 실제로 보는 것이요, 체험하는 것이라 했던 것이다. 나다나엘은 빌립의 전도를 받고 예수님께 나아갔다가 예수님께 그 속에 간사함이 없는 참 이스라엘 사람이라는 칭찬을 받았고 결국 "랍비여 당신은 하나님의 아들이시요 당신은 이스라엘의 임금이로소이다." 하고 신앙을 고백할 수 있었다.(요 1:43~51)

아직도 우리 사회에는 기독교에 대하여 편견을 가지고 있는 사람이 많다. 대체로 그들은 직접 예수님을 접해 보지도 않았을 뿐 아니라 자신의 선입견과 들리는 부정확한 소문만 믿고 마음에 담을 쌓고 있다. 그러므로 우리는 그런 사람들에게 복음을 접할 수 있는 기회를 제공할 필요가 있다. 그것이 "와 보라"다. 일단은 교회에 나와서 예배에 참석하고 진리를 만나도록 하며, 보고 체험할 수 있도록 적극적인 노력을 경주할 필요가 있다.

남의 이목을 꺼려 밤중에 예수님을 찾아와서 "사람이 거듭나지 아니하면 하나님나라에 들어갈 수 없다." 하는 진리의 말씀을 들은 바리새인이요, 유대의 관원이었던 니고데모도 변화되지 않을 수 없었고(요 3:1~15 참고) 교회와 성도를 극렬하게 핍박했던 사울도 다메섹 도상에서 부활하신 주님을 만난 이후 복음

전파자로 바뀌지 않을 수 없었다.(행 9:1~22)

그동안 얼마나 많은 사람들이 주님을 직접 만나서 치료 받고 평안과 기쁨과 소망과 구원의 체험을 얻고 승리와 성공의 인생을 살았는가! 육신의 목마름으로 지쳐 있었던 사마리아, 수가 성의 한 여인은 한낮에 우물가로 물 길러 왔다가 예수님을 만나서 영원히 목마르지 아니할 뿐 아니라 영생하도록 솟아나는 샘물을 마셨다. 그는 결국 감격한 나머지 물동이를 버려두고 동네에 들어가서 전파할 수 있었다.

"내가 행한 모든 일을 내게 말한 사람을 와서 보라 이는 그리스도가 아니냐."(요 4:28~29)

그렇다. 백 번 듣는 것보다 한 번 직접 보고 체험하는 것이 낫다. 소문을 듣고 짐작하거나 추측하거나 선입견으로 경솔하게 판단하지 말고 직접 예수님을 만나 체험하시라. 예수님만이 유일하신 구세주시다. "와 보라!"

백인(百忍)

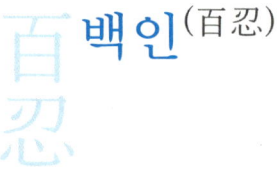

"예수께서 일러 이르시되 이것까지 참으라."(눅 22:51)

옛날 중국 당(唐)나라에 장공예(張公藝)라는 사람이 있었다. 그의 일족 9세(世)는 한 집에 살면서도 다툼이나 부조화 같은 불미스런 일 없이 오순도순 살았다. 당 고종(高宗)이 어떻게 그 많은 가솔(家率)을 그처럼 무리 없이 거느리며 사느냐고 그 비결을 물었을 때 그는 참을 인(忍) 자(字) 백 개를 써 올리는 것으로 대답을 대신했다는 고사(故事)가 있다.

얼마나 많은 사람들이 순간을 참지 못해서 도모하던 일을 그르치며 쌓아 놓은 명예에 손상을 입히고 축복의 길에서 멀어지는 비극까지 맞게 되는가.

가인은 끓어오르는 분노를 다스리지 못하여 동생 아벨을 쳐죽이고 첫 살인자라는 오명을 남겼다.(창 4:8) 에서는 순간적인 배고픔을 참지 못하여 장자의 명분을 팥죽 한 그릇으로 바꾸어 먹는 망령된 행동으로 회개할 기회조차 잃어버린 자가 되었다.(히 12:16~17) 다윗은 순간적인 정욕을 참지 못하여 부하 장수 우리아의 아내를 범했고 르우벤은 서모(庶母)인 빌하와 통간하여(창 35:22) 아버지 야곱의 분노를 사고 장자의 명분을 상실하였다.(대상 5:1) 아간은 탐욕을 이기지 못하여 여리고 성에서 노략한 외투와 금덩이를 훔쳤다가 가족과 함께 아골 골짜기에서 망했고(수 7:24~26) 엘리사의 사환 게하시는 문둥병을 치료받고 돌아가는 아람의 군대장관 나아만의 뒤를 따라가 거짓으로 은과 옷을 취하였다가 나아만의 문둥병을 대신 받아야 했다.(왕하 5:20)

그러나 오래 참음과 절제는 사랑의 속성이요,(고전 13:7) 성령의 열매다.(갈 5:32~33) 하나님은 지금도 오래 참으시면서 모든 사람이 회개하여 멸망당하지 않게 하기 위하여 심판을 보류하고 계시고,(벧후 3:9) 성경은 십자가의 모욕과 고난을 참으신 주님을 생각하라고 하신다.(히 12:2~3) 또한 주님의 이름으로 말한 선지자들의 고난과 오래 참음의 본을 삼으라 하시며 인내하는 자의 복됨을 욥의 인내와 주께서 그에게 주신 결말을 통해서 증거하고 있다.(약 5:10~11)

노아는 120년 동안 참으면서 방주를 예비하여 구원을 얻었고 모세는 미디안 광야로 도주하여 40년을 참아서 이스라엘의 지도자가 되었다. 아브라함은 25년을 참아서 하나님의 약속하신 아들을 얻었고, 야곱은 외삼촌 라반의 집에서 외삼촌의 속임수와 낮에는 더위, 밤에는 추위를 20년 동안 참아 견디어서 마침내 거부가 되어 돌아올 수 있었다.

요셉은 애굽에 팔려가 13년 동안 종살이와 감옥살이를 하다 30세에 국무총리가 되었고, 다윗은 10대에 기름 부음을 받았지만 30세가 되어 비로소 왕위에 올랐다. 사울 왕의 질투 때문에 생명을 부지하기 위하여 얼마나 고생했으며 사울 왕을 죽일 수 있는 기회를 만났을 때 얼마나 참았는가!

모욕도 때로는 참아야 한다.(잠 12:16) 환난도(롬 12:12), 애매히 당하는 고난도(벧전 2:19~20), 징계도(히 12:7), 시험도(약 1:12), 슬픔도, 외로움도 참아야 한다. 소망이 있다면 참을 수 있고 기다릴 수 있다.(롬 8:24~25; 히 10:36)

정말 이것만은 참을 수 없다고 생각되는 분통 터질 일이 있는가? 예수님을 체포하고자 검과 몽치로 무장하고 온 무리 중의 한 사람에게 칼을 들어 귀를 떨어뜨린 제자를 향하여 하신 주님의 말씀을 기억하자. 그의 귀를 만져 낫게 해 주시며 하신 말씀이다.

"이것까지 참으라."(눅 22:51)

백전백승(百戰百勝)

"악에게 지지 말고 선으로 악을 이기라."(롬 12:21)

춘추(春秋)시대 제(齊)나라 사람으로 오왕(吳王) 합려를 섬겼던 병법가(兵法家) 손자(孫子 = 孫武)는 그의 병법서 『손자』의 모공편(謨攻篇)에서 이렇게 썼다.

"승리에는 두 종류가 있다. 적을 공격하지 않고서 얻는 승리와 적을 공격한 끝에 얻는 승리인데, 전자(前者)는 최상책(最上策)이고 후자(後者)는 차선책(次善策)이다. 백 번 싸워 백 번 이겼다 해도 그것은 최상의 승리는 아니다. 싸우지 않고 상대방을 굴복시키는 것이야말로 최상의 승리인 것이다. 곧 최상책(最上策)은 적이 꾀하는 바를 미리 간파하고 이를 봉쇄하는 것이고, 다음 상책(上策)은 적의 동맹관계를 끊어 적을 고립시키는 것이고, 세 번째는 적과 싸우는 것이고, 최하책(最下策)은 모든 수단을 다 쓴 끝에 강행하는 공성(攻城)이다."

성경에 의하면 한번은 아람 왕이 이스라엘의 선지자 엘리사를 사로잡으려고 그가 거주하고 있는 도단에 많은 군사를 보내 에워쌌다. 엘리사는 그러나 여호와 하나님께 기도하여 아람 군사들의 눈을 어둡게 만들어 달라고 한 다음 그들이 앞을 볼 수 없게 되자 그들을 이끌어 사마리아 성에 가두어 버렸다. 그리고 그들의 눈을 열도록 기도하여 자기들이 어떻게 되었는가를 보게 하였다.

자기들이 사마리아 성에 갇힌 현실을 보고서 그들은 얼마나 당황했겠는가. 그러나 엘리사는 그들을 해치지 않았다. 이스라엘 왕이 그 원수들을 치려고 할 때 오히려 떡과 물을 주어 먹고 마시게 한 다음 그들의 주인에게로 돌려보내도록 했다. 그리하여 아람 군사들은 죽을 자리에서 오히려 융숭한 대접을 받고 자기들 나라로 돌아가게 된 것이다. 그 후에 어떻게 되었는가? 성경은 아람 군사의 부대는 다시 이스라엘 땅에 들어오지 못했다고 기록하고 있다. (왕하 6:14~23)

엘리사는 이미 싸우지 않고 이기는 방법을 터득하고 있었던 것이다. 일찍이 성경은 말씀했다.

"내 사랑하는 자들아 너희가 친히 원수를 갚지 말고 하나님의 진노하심에 맡기라 기록되었으되 원수 갚는 것이 내게 있으니 내가 갚으리라고 주께서 말씀하시느니라 네 원수가 주리거든 먹이고 목마르거든 마시게 하라 그리함으로 네가 숯불을 그 머리에 쌓아 놓으리라 악에게 지지 말고 선으로 악을 이기라."(롬 12:19~21)

이기는 싸움을 해야 한다. 악을 악으로 갚는 것은 승리는 승리로되 결코 최상의 승리는 아니다.(롬 12:17) 요셉은 자기를 애굽에 팔아먹은 형들에게 보복하지 않았고 다윗은 자기를 죽이려 쫓아다니는 사울을 죽일 기회가 있어도 죽이지 않았다. 선으로 악을 이긴 것이다.

그렇다. 그리스도인의 승리는 어떤 물리적인 힘으로 적을 제압하기보다는 그리스도의 용서와 사랑의 정신과 겸손한 인격으로 순복하게 만드는 것이다. 하나님은 얼마든지 세상의 미련한 것들을 택하사 지혜 있는 자들을 부끄럽게 하시고 세상의 약한 것들을 택하사 강한 것들을 부끄럽게 하신다.(고전 1:27)

결국 우리에게 승리를 주시는 분은 예수 그리스도시다. 하나님은 우리를 사랑하시는 예수 그리스도로 말미암아 우리가 넉넉히 이기도록 하신다.(고전 15:57; 롬 8:37) 또한 믿음만이 세상을 이긴다.(히 11:33) 성경은 무릇 하나님께로부터 난 자마다 세상을 이긴다고 했다.(요일 5:4)

부화뇌동 (附和雷同)

"아리마대 사람 요셉이 와서 당돌히 빌라도에게 들어가 예수의 시체를 달라 하니 이 사람은 존경 받는 공회원이요 하나님의 나라를 기다리는 자라." (막 15:43)

예기(禮記)에 나오는 부화뇌동(附和雷同)이란 소신이나 일정한 주의, 주장 없이 남의 말에 붙좇아 같이 행동하는 것을 말한다.

어떤 사람이 골목길을 가다가 네 사람이 모여서 우는 것을 보았다. 엉엉 소리 내어 우는 것이 심상치 않고 또 왜 우는지 궁금하기도 하여 한 사람에게 그 연유를 물었다. 그랬더니 그중에서 한 손에 편지를 들고 있는 사람이 다른 한 사람을 가리키면서 이러는 게 아닌가.

"이 양반이 자기 아들한테서 편지가 왔는데 자신은 까막눈이라면서 나보고 읽어 달라고 생면부지의 나에게 부탁을 했습니다. 그러나 엉겁결에 편지를 받아들긴 하였지만 나 역시 까막눈이라 읽어 드릴 수가 없었습니다. 순간 나는 글을 모르는 내 신세가 한스러워서 울었습니다."

"그러면 왜 당신은 울었소?" 하고 이번에는 아들로부터 온 편지를 받은 당사자에게 물으니 그는 "이분이 편지를 붙들자마자 울기에 객지에 나가 있는 내 아들에게 어떤 불행한 일이 닥쳤다고 생각되어 울었습니다."라고 했다. 다른 한 사람은 길을 가는데 이 두 사람이 어찌나 서럽게 우는지 자기도 감정이 북받쳐 울 수밖에 없었다고 했고, 마지막 한 사람은 이 골목을 지나는데 이 세 사람이 울기에 아마 이 자리가 울어야 하는 장소인가 보다고 생각되어 따라 울었다고 대답했다.

아주 오래 전에 들은 풍자적인 이야기다. 그런데 아이러니한 것은 아들이 보내온 편지는 전혀 울어야 할 내용이 아니었다는 것이다. 직장 생활 잘하고 있고, 집도 하나 장만했고, 곧 장가도 가게 될 것이라는 소식이 거기에 담겨 있었다.

우리 사회에는 지금 원인도 분석하지 않고 남들 따라서 부화뇌동(附和雷同)하는 사람이 꽤 있는 것 같다. 신중한 검토와 판단 없이 즉흥적으로 행동하고, 이성적으로 파악하기보다는 감정이 앞서 행동하는 사람도 있다. 무지하기 때문에 돌출 행동을 하는 사람도 있고 남이 하니까 따라서 하는 이른바 군중심리에 이끌려 행동하는 사람도 있다.

그러나 그보다 더 불행한 것은 어떤 기준에 의해 시비(是非)를 판단하고 그 판단에 의해서 행동하는 것이 아니라 자신에게 순간적으로라도 유익이 되면 옳고, 조금이라도 불리하게 작용할 것 같으면 그른 것으로 간주하여 행동하는 사람들이다. 주관도 없고 소신도 없이 시세(時勢)에 따라 사는 사람들이다.

우리는 예수를 십자가에 못 박으라고 외치던 군상들에게서 그 모습을 본다. 그들은 기득권에 눈이 먼 야비한 지도자들의 음흉한 술책과 선동에 춤을 추고, 법과 양심을 버리고 오로지 자신의 정치 생명의 안전만을 위하여 떨고 있던 로마 총독 빌라도를 이용하기도 하고 놀아나기도 했다. 그들은 이성도 은혜도 양심도 마비된 채 목청만 돋우고 주먹질만 해댔다.

그러나 그런 중에도 우리가 소망을 버릴 수 없는 것은 우리 주변에 소신껏 사는 사람이 있기 때문이다. 자신은 예수로부터 직접적인 은혜를 입은 일도 없지만 옳고 그름을 냉정하게 분별할 때 예수를 죽여야 한다는 공의회의 결의를 반대할 수밖에 없었고, 그럼에도 자신의 주장이 받아들여지지 못했을 때는 그의 장례를 위해서 위험을 무릅쓰고 자신의 재산과 정성을 다하여 헌신한 사람이 있다. 아리마대 사람 요셉이다.

불광불급(不狂不及)

"우리가 만일 미쳤어도 하나님을 위한 것이요 정신이 온전하여도 너희를 위한 것이니 그리스도의 사랑이 우리를 강권하시는도다."
(고후 5:13~14)

불광불급.(不狂不及) 미치지 않으면 미칠 수 없다는 말이다. 이해를 돕기 위하여 풀어 설명하면 미쳤다는 소리 들을 정도로 열심이 없으면 어떤 경지에 오를 수 없다는 뜻이요, 미친 듯이 몰두해야 남이 따라오지 못할 경지에 미칠 수 있다는 의미다. 열심을 강조하는 한자숙어(漢字熟語)다.

과연 그렇다. 열심을 내지 않는 사람이 자기가 추구한 분야에서 성공했다는 소리를 들어본 일이 있는가? 성공했다는 사람을 보면 모두가 자기가 이루고자 한 분야에서 미쳤다는 말을 들을 정도로 열심을 낸 결과였다. 예술에 미쳐야 불후의 대작을 만들어 내고 연구에 미쳐야 학문도 이루고 새로운 발명품도 만들어 낸다. 산에 미친 사람이 고산(高山)을 정복하고 정상에 우뚝

설 수 있다.

　엘리야가 하나님께 미칠 정도로 열심이 있었을 때(왕상 19:14) 갈멜 산에서 불이 내려와 제단을 태우는 기적을 보았고(왕상 18:38) 베드로가 그리스도에 사로잡혀 열심히 복음을 전할 때 한 번 설교에 3천 명도 5천 명도 주님께 돌아오는 역사가 있었다.

　사도 바울은 고백했다. "우리가 만일 미쳤어도 하나님을 위한 것이요 정신이 온전하여도 너희를 위한 것이니 그리스도의 사랑이 우리를 강권하시는도다."(고후 5:13~14)
　그가 얼마나 열정적으로 복음을 전했으면 베스도 총독으로부터 "바울아 네가 미쳤도다 네 많은 학문이 너를 미치게 한다." 라는 말을 들었겠는가.(행 26:24)

　예수님도 미쳤다는 소리를 들었다. 예수님의 열정적인 사역을 보면서 유대인들 중에는 "저가 귀신 들려 미쳤거늘 어찌하여 그 말을 듣느냐."라고 매도했고(요 10:20) 얼마나 미쳤다는 소문이 널리 났으면 친속들이 그 소문을 듣고 예수님을 붙들러 나오기까지 했겠는가.(막 3:21)

　그렇다. 성공과 승리는 열심 있는 자가 차지할 몫이다. 이렇게 말하면 열심을 냈다고 다 성공하고 승리하느냐고 묻는 사람이 있을 수 있다. 물론 세상에는 열심을 냈는데도 성공하지 못한 사람도 있다. 그러나 뭔가 자기가 추구한 분야에서 성공했다는 소리를 듣는 사람은 한결같이 열심을 낸 사람이라는 점도 부정할 수 없다. 만약 열심을 내고 최선을 다했는데도 성과가 없다면 다음 두 가지 사항을 점검해 볼 필요가 있을 것이다.

하나는, "그 일이 부도덕하고 불법적인 일은 아니었는가?" 하는 점이다. 허탄한 일에 또는 부도덕한 일에 열심을 내서는 성공할 수 없기 때문이다. 다음으로 "하나님으로부터 은사로 받지 않은 일에 열심을 낸 것은 아닌가?" 하는 점검이다. 일하면서도 재미가 없고 효과가 잘 나타나지 않는 일이라면 내 적성에 맞지 않는 일일 수 있다.

그러나 누구나 공통적으로 열심을 내야 할 일이 있다. 그것은 하나님을 섬기는 일이다. 성경은 "부지런하여 게으르지 말고 열심을 품고 주를 섬기라."라고 권면할 뿐 아니라(롬 12:11) "그러므로 내 사랑하는 형제들아 견고하며 흔들리지 말며 항상 주의 일에 힘쓰는 자들이 되라 이는 너희 수고가 주 안에서 헛되지 않은 줄을 앎이니라."(고전 15:58)라고 격려하고 있다.

그 일에 미쳤다는 소리 들을 정도가 아니고서 우리는 신앙에서도, 학문에서도, 사업에서도, 그 어떤 삶의 영역에서도 성공은커녕 소기의 성과도 거둘 수 없다.

사면초가 (四面楚歌)

四面楚歌

"우리가 사방으로 우겨쌈을 당하여도 싸이지 아니하며 답답한 일을 당하여도 낙심하지 아니하며 박해를 받아도 버린 바 되지 아니하며 거꾸러뜨림을 당하여도 망하지 아니하고."

(고후 4:8~9)

진(秦)나라를 무너뜨린 초(楚)나라 항우(項羽)와 한(漢)나라 유방(劉邦)은 5년여 동안 패권다툼을 하였다. 그동안 힘에만 의지했던 항우는 홍구(鴻溝)를 경계로 서쪽은 한(漢)나라가, 동쪽은 초(楚)나라가 차지하여 천하를 양분하기로 합의하였다.

항우는 곧 초나라의 도읍인 팽성(彭城)으로 철군 길에 올랐고 한(漢)나라의 유방은 서쪽의 한중(韓中)으로 철수하려고 했다. 그러나 이때 철수하려던 유방은 참모인 장량(張良)과 진평(陳平)의 진언을 듣고 말머리를 돌려 항우를 추격했다. 이윽고 해하(垓下)에서 항우의 초나라 군대는 한신(韓信) 등이 지휘하는 한나라 군대에 포위되었고 포위된 초나라는 군사가 줄고 군량마저 떨어져 사기가 말이 아니었다.

이런 위급한 상황인데, 한밤중에 사면에서 초나라 노랫소리가 들려오지 않는가. 한나라 유방의 참모인 장량이 항복한 초나라 군사들로 하여금 고향의 노래를 부르게 한 것이다. 이 심리 작전이 주효하여 초나라 군사들은 그리운 고향 노랫소리에 눈물을 흘리며 다투어 도망쳤고 깜짝 놀란 항우는 이렇게 말했다 한다. "한(漢)나라 군대가 이미 초(楚)나라를 다 차지했단 말인가? 어찌 초나라 사람이 이렇게 많은가?"

사기(史記)의 항우본기(項羽本紀)에 나오는 내용으로 적에게 완전히 포위당하여 고립 상태에 놓인 것을 말할 때 쓰이는 고사성어(古事成語)다.

인생을 살다보면 여러 가지 사정에 얽매여 내 힘으로 어떻게 할 수 없고 그리하여 모든 것을 포기하고 싶을 때도 있을 수 있다. 그러나 우리가 신앙인이라면 낙심할 필요는 없다. 그 위기가 우리에게는 곧 하나님의 은혜와 능력을 힘입을 기회가 되기 때문이다.

선지자 엘리사를 잡기 위하여 도단 성을 에워싼 아람 군대를 볼 때는 그의 사환의 염려처럼 "우리가 정말 어찌해야 합니까?" 하고 두려워할 수밖에 없는 상황이었다. 그러나 그러한 위기에도 영안을 열어야 비로소 볼 수 있는 하나님의 불말과 불병거는 대적의 군사보다 더 많이 엘리사를 둘러 보호하고 있었지 않은가.(왕하 6:14~17)

다윗이 사울 왕으로부터 쫓겨 다니며 위기를 만날 때가 어디 한두 번이었던가. 그중에서도 마온 황무지에서는 사울에 의하여 에워싸여 그야말로 사면초가가 된 상태였다. 그러나 그런 일촉즉발(一觸卽發)의 위기에서도 하나님은 블레셋으로 하여금 이스라엘을 침노토록 하여 사울 왕이 다윗 잡기를 포기하고 블레셋을 치러 갈 수밖에 없도록 만드셨다. 하나님은 다윗을 그렇게 보호하셨다.(삼상 23:24~29)

진정 사면이 막혀서 어떻게 해야 할지 모를 때 우리는 어떻게 그 위기를 넘길 수 있겠는가? 여호사밧 왕은 모압과 암몬과 세일 산 사람들이 연합하여 쳐들어오자 이렇게 기도했다. "우리 하나님이여 그들을 징벌하지 아니하시나이까 우리를 치러 오는 이 큰 무리를 우리가 대적할 능력이 없고 어떻게 할 줄도 알지 못하옵고 오직 주만 바라보나이다."(대하 20:12)

그렇다. 사방이 막혀서 움쭉달싹도 못할 형편일지라도 위는 열려 있고, 내 수단을 포기하고 하나님께 맡기는 순간 하나님은 시작하신다. 하나님은 여호사밧의 기도를 들으시고 침략자인 저희들끼리 스스로 싸워 패퇴하도록 하셨다.(대하 20:23)

성경은 말씀한다.

"우리가 사방으로 우겨쌈을 당하여도 싸이지 아니하며 답답한 일을 당하여도 낙심하지 아니하며 박해를 받아도 버린 바 되지 아니하며 거꾸러뜨림을 당하여도 망하지 아니하고."(고후 4:8~9)

혹시 당신이 외로움과 억울함과 어떤 위험으로 사면초가 된 상황인가? 그렇더라도 하늘 문은 여전히 열려 있는 것이다. 전능하신 하나님을 의지해야 한다. 사도 바울은 아시아에서 당한 환난 때문에 살 소망까지 끊어지고 사형선고를 받은 줄 알았는데 거기서 건짐을 받고 깨달은 게 있었다.

"우리로 자기를 의지하지 말고 오직 죽은 자를 다시 살리시는 하나님만 의지하게 하심이라."(고후 1:9)

사이비 (似而非)

"거짓 선지자를 삼가라 양의 옷을 입고 너희에게 나아오나 속에는 노략질하는 이리라"(마 7:15)

    가짜가 판을 치고 있다. 조화(造花)가 생화(生花)보다 더 곱게 만들어져 나온다. 그래서 이것이 진짜인가 만져 봐야 궁금증이 풀릴 때가 있다. 모양은 영락없지만 만져 보면 아니다. 모조품(模造品)인 것이다. 이론적으로 한다면 모조품은 진품(眞品)보다 조잡(粗雜)해야 정상이다. 만약에 모조품이 진품보다 더 나아 보이면 그것은 나의 분별력이 농락당하고 있는 것이다.

    어떤 사람은 잘 찍혀 나온 사진을 표현할 때 "실물보다 잘 나왔다."라고 한다. 그러나 엄격히 말해서 실물보다 더 잘 나온 사진이 있을 수는 없다. 가짜나 모조품이 진품보다 그럴 듯하게 보인다는 것이 문제를 야기시킬 수 있다.

예전에는 "참기름과 꿀은 진짜가 없다."라는 말까지 있었다. 아낙들이 벌통에서 직접 채취해 왔다고 하면서 벌집까지 담아 그럴 듯하게 가지고 다녔지만 나중에 알고 보면 설탕을 섞어서 만든 가짜 꿀인 경우가 대부분이었다.

오래 전에 음식점을 경영하는 친척집에서 목격한 일이다. 참기름을 주문하면 득달같이 배달해 주는 참기름 장수가 있었다. 하루는 그 장수에게 참기름 값이 너무 비싼 것 아니냐고 항의하니까 깨 값이 올라서 불가피하다고 하면서 싼 것을 원한다면 얼마짜리로 만들어다 주면 되겠느냐고 묻는 게 아닌가. 얼마든지 돈에 맞춰서 싼 것을 공급해 줄 수 있다고 했다. 겉모습으로나 맛으로는 전문가의 분석이 아니면 구별하기 어렵지만 얼마든지 조제(調製)해 낼 수 있다는 것이었다. 사기(詐欺)를 칠 수 있다는 뜻이었다. 궁색하게 느껴지지만 '진짜 순 참기름 집'이라는 간판을 내걸고 기름 장사를 할 수도 있겠다는 생각이 들었다.

요즈음은 국제 교류가 원활하고 빈번하여 외국의 제품들이 쏟아져 들어오고 있다. 그런데 그 제품들 중엔 국산 제품보다 값도 싸고 질도 낮은 것이 많다. 그래서 외국산을 국산이라고 속여서 이득을 많이 남기는 사람이 있고 가끔씩 그렇게 속여 팔다가 단속반에 걸려 망신을 당하는 사람들도 있다. 국산품을 외

제품이라고 속여 팔아 폭리를 취하려 하던 일이 많던 시절에 비하면 격세지감(隔世之感)이 있다.

흔히 말하는 명품(名品)이라는 것도 그렇다. 유사한 가짜가 많아서 무턱대고 명품만 찾는 사람들을 골탕 먹이기도 한다. 돈은 많되 교양이 부족한 사람이 돈 쓰는 것을 자랑이라도 하듯 명품만 찾다가 가짜에 속았다는 얘기를 심심찮게 듣는다. 고소하기도 하고 측은하기도 하지만 그런 경우라 할지라도 속이는 것을 잘한 일이라 할 수는 없다.

겉은 제법 비슷하나 속이 전혀 다르거나 진짜같이 보이지만 실은 가짜인 이런 사이비(似而非)가 물건에만 있는 게 아니다. 사이비 기자(記者), 사이비 박사(博士), 사이비 성직자(聖職者) 등 사람에게도 많다. 성경에도 거짓 형제, 거짓 선생, 거짓 선지자, 거짓 사도가 버젓이 기록되어 있고 그들이 전하는 예언이나 말씀을 '다른 복음'이라 이름 했으니(갈 1:8~9) 오늘날 순복음(純福音)이라는 용어가 생긴 것도 이상한 일이나 나무랄 일은 아닐 것이다.

예수님은 자신을 가리켜서 선한 목자(牧者)라 하시면서 선한 목자는 양들을 위하여 목숨을 버리지만 삯꾼은 목자도 아니요, 양도 제 양이 아니기 때문에 이리가 오는 것을 보면 양을 버리고 달아나서 양은 이리에 의해서 해를 당한다 했다.(요 10:11~12) 그리고 그런 거짓된 사람들은 "양의 옷을 입고 너희에게 나아오나 속에는 노략질하는 이리"이기 때문에 조심하라 했다.(마 7:15)

하긴 사이비가 없던 시대가 있었던가. 그러나 종말기가 되면 더욱 극성스럽게 가짜가 등장할 것이라고 주님은 예언해 주셨다. 많은 사람이 주님의 이름으로 와서 자기가 그리스도라 하여 많은 사람을 미혹하게 하고, 거짓 선지자가 많이 일어나 많은 사람을 미혹하게 할 것이라 했다.(마 24:5, 11)

분별의 능력이 있어야 속지 않고 영적으로 깨어 있어야 구별된 삶을 살 수 있다. 그러나 무엇보다 내가 진실하고 거짓되지 말아야 할 것이다. 사기(詐欺) 당하는 사람 중에 사기성(詐欺性)이 많은 사람이 많다지 않은가. 그렇다면 사기꾼은 사기성이 많은 사람을 노리고 있을 것이다. 우리도 지금 사이비(似而非) 신자(信者) 역할을 하고 있는지 모른다.

새옹지마 (塞翁之馬)

"우리가 알거니와 하나님을 사랑하는 자 곧 그의 뜻대로 부르심을 입은 자들에게는 모든 것이 합력하여 선을 이루느니라." (롬 8:28)

　옛날 중국의 북방 요새(要塞) 근처에 한 노옹(老翁)이 살고 있었다. 어느 날 이 노인의 말(馬)이 오랑캐 땅으로 달아났다. 마을 사람들이 찾아와서 참 안됐다고 위로를 했다. 그러자 노인은 조금도 애석한 기색 없이 말했다. "누가 알겠습니까? 이 일이 복이 되려는지."

　몇 달이 지난 어느 날, 달아났던 말이 돌아왔다. 혼자만 온 것이 아니라 오랑캐의 말을 데리고 돌아왔다. 마을 사람들이 찾아와서 이번에는 잘되었다고 치하를 했다. 그러나 역시 기뻐하는 표정 없이 태연하게 노옹은 말했다. "누가 알겠습니까? 이 일이 화가 되려는지."

　그러던 어느 날 말 타기를 좋아하던 노인의 아들이 그 오랑캐 땅에서 온 말을 타다가 떨어져 그만 다리가 부러지는 불상사를 만났다. 이번에도 마을 사람들이 찾아와서 참 안됐다고 위로를 했다. 그러나 여전히 노옹은 태연하게 말했다. "누가 알겠습니까? 이 일이 복이 되려는지."

그 후였다. 오랑캐들이 쳐들어와서 전쟁이 일어났다. 마을의 장정들은 전쟁에 징집되어 나가야 했다. 그러나 절름발이가 된 노인의 아들은 전쟁에 나갈 수가 없었다. 오랑캐와의 전쟁은 치열하여 징집되어 싸웠던 마을의 젊은이들은 거의 전사(戰死)하여 돌아오지 못하였고 장애인이 된 노인의 아들만 화를 면할 수 있었다.

세상만사는 미래를 예측할 수 없다고 하는, 우리에게 널리 알려진 회남자(淮南子)의 인간훈(人間訓)편에 나오는 고사(故事)다.

과연 우리가 미래를 예측할 수 있을까? 지금 현실적으로 닥친 일이 미래에 어떻게 작용할지 알 수 있을까? 우리는 알 수 없다. 하나님만 아시는 것이다.

그러나 우리가 예수 그리스도 안에 있다면 지금 불행스럽게 여겨지는 그 어떤 사건도 유익으로 바뀐다는 사실만은 알아야 한다.

요셉이 형들에게 미움을 받아 애굽으로 팔려갈 때는 그것이 불행한 일 같았다. 그러나 그가 울면서 떠난 그 길은 장차 애굽의 국무총리가 되기 위한 길이었다.

욥이 전 재산과 전 자식을 일시에 잃고 자신은 종기가 나 재 가운데 앉아 질그릇 조각으로 몸을 긁고 있을 때는 참으로 불행한 사람 같았다. 그가 장차 몸이 치유되고 갑절의 축복을 받을 줄은 누가 알았겠는가?

다니엘이 앞으로 30일 동안 기도하지 말라는 금령을 어기고 기도했다는 죄목으로 사자굴 속에 들어갈 때는 불행한 사람 같았다. 그러나 그가 하나님의 보호로 상처 하나 없이 사자 굴에서 나왔을 때 그가 결백한 사람이라는 것이 증명되었고 왕을 비롯하여 모든 사람으로부터 존경받는 사람이 될 수 있었다.

성경은 말씀한다.

"우리가 알거니와 하나님을 사랑하는 자 곧 그의 뜻대로 부르심을 입은 자들에게는 모든 것이 합력하여 선을 이루느니라."(롬 8:28)

그러므로 예수 그리스도의 사람들은 무슨 일을 만나든지, 어떤 형편에 처하든지 그 결국의 축복을 바라보면서 감사해야 한다. 그리스도 안에서 당하는 위기는 새로운 기회이고, 그리스도 안에서 그리스도 때문에 당하는 고난은 축복으로 가는 길이기 때문이다.

선시어외 (先始於隗)

先始於隗

"너희의 믿음의 역사와 사랑의 수고와 우리 주 예수 그리스도에 대한 소망의 인내를 우리 하나님 아버지 앞에서 끊임없이 기억함이니 하나님의 사랑하심을 받은 형제들아 너희를 택하심을 아노라."(살전 1:3~4)

　전국시대(戰國時代) 연(燕)나라가 영토의 태반을 제(齊)나라에 빼앗기고 있을 때의 일이다. 이런 어려운 시기에 즉위한 소왕(昭王)은 어느 날, 재상인 '곽외'에게 실지(失地) 회복에 필요한 인재를 모아야겠는데 어떻게 해야 하는지 그 방법을 물었다. 곽외는 이렇게 대답했다.

　"신(臣)은 이런 이야기를 들은 적이 있습니다. 옛날에 어느 왕이 천금(千金)을 가지고 천리마를 구하려고 했으나 3년이 지나도 얻지 못했습니다. 그러던 어느 날, 잡일을 맡아 보는 한 신하가 천리마를 구해 오겠다고 자청하기에 왕은 그에게 천금을 주고 그 일을 맡겼습니다. 그는 석 달 뒤에 천리마가 있다는 곳을 알고 찾아갔으나 애석하게도 그 말은 그가 도착하기 며칠 전에 죽

가화만사성 • *139*

었다고 했습니다. 그런데 그는 죽은 말의 뼈를 오백금(五白金)을 주고 사온 것입니다. 왕이 진노하여 '과인이 원하는 것은 산 천리마인데 누가 죽은 말뼈에 오백금을 버리라고 했느냐!' 라고 크게 꾸짖었습니다. 그러자 그는 '이제 세상 사람들이 천리마라면 그 뼈조차 거금을 주고 산다는 것을 안 만큼 머지않아 반드시 천리마를 끌고 올 것이니 보십시오.' 하고 대답했습니다. 과연 그의 말대로 1년이 안 되어 천리마가 세 필이나 모였다고 합니다. 하오니 전하께서도 진정으로 현재(賢才)를 구하신다면 먼저 신(臣) 곽외부터 스승의 예를 받도록 하옵소서. 그러면 저 같은 사람이 후대 받는 것을 보고 어진 사람들이 천리 길도 멀다 않고 스스로 모여들 것입니다."

소왕(昭王)은 곽외의 말을 옳게 여겨 그를 위해 황금대(黃金臺)라는 궁전을 짓고 스승으로 예우했다. 이 일이 널리 소문나고 알려지자 천하의 현재(賢才)가 다투어 연(燕)나라로 모여들었는데 이들의 보필을 받은 소왕(昭王)은 드디어 제(齊)나라를 쳐부수고 실지(失地)를 회복하는 숙원을 이루었다고 한다.

이 이야기는 전국책(戰國策)에 나오는 '선시어외' 라는 고사성어로 그 뜻은 "먼저 외부터 시작하라" 즉 가까이 있는 사람 또는 말한 사람(제안자)부터 시작하라는 의미이다.

이 고사(故事)가 우리에게 교훈하는 바는 여러 가지다.

첫째는, 가까이에서 제안하는 사람의 의견을 청취하고 고려할 필요가 있다는 것이다. 왜냐하면 어떤 면에서 가장 현황을 잘 알 수 있기 때문이다.

둘째는, 현재(賢才)가 가까이 있을 수 있다는 사실이다. 우리는 대체로 멀리 있는 사람은 그 명성을 듣고 대단하게 보지만 가까이 있는 사람은 오히려 대단치 않게 여기는 경우가 있다. 그러나 사실은 그렇지 않은 경우가 더 많다. 너무 가까이 있기 때문에 그의 진면목을 모르고 멀리서 듣는 명성만으로 대단하게 보는 것은 어리석은 일이다. 멀리 보이는 경치는 대체로 아름다운 법이다. 그러나 가까이 가 보면 별로인 경우가 많다.

셋째로, 허위로 소문을 내는 것은 옳지 않지만 좋은 소문을 내는 것은 부흥과 성장을 위해서는 좋은 일이다. 데살로니가 교회는 믿음의 역사와 사랑의 수고와 인내의 소망이 있는 교회라고 널리 소문이 났었다.(살전 1:3~8) 우리 교회도 성도들의 신앙이 아름답고 사랑이 넘치는 교회라는 소문이 널리 날 수 있도록 신실한 신앙인의 모습을 나타내야 할 것이다.

수주대토 (守株待兔)

> 그러므로 너희가 그리스도와 함께 다시 살리심을 받았으면 위의 것을 찾으라 거기는 그리스도께서 하나님 우편에 앉아 계시느니라 위의 것을 생각하고 땅의 것을 생각하지 말라."(골 3:1~2)

춘추(春秋)시대, 송(宋)나라에서 있었던 일이다. 한 농부가 밭을 갈고 있는데 난데없이 토끼 한 마리가 뛰어와 밭 가의 나무 그루터기에 부딪쳐 죽는 것이었다. 아무런 노력도 하지 않고 토끼를 잡게 된 그 농부는 그 뒤부터 농사일을 팽개치고 매일 그루터기만 지켰다. 그러나 토끼가 또 다시 나타나겠는가. 밭은 잡초만 무성하게 되었고 그는 사람들의 웃음거리만 되었다.

한비자(韓非子)에 나오는 고사(故事)로 수주대토(守株待兔)란 '완고하고 미련한 사람', '요행을 바라는 사람'을 비유할 때 쓰이는 말이다.

윌리엄 패터라는 사람이 쓴 글 가운데 이런 이야기가 있다. 어떤 사람이 소년 시절에 길에서 10달러짜리 지폐 한 장을 줍게 되었다. 그 소년은 뜻하지 않은 그 행운이 기뻐서 그 이후 땅만 보고 걸었다. 그러는 동안 그는 많은 것을 주울 수 있었다. 그가 일생 동안 주은 것을 세어 보니 단추가 29,519개, 머리핀이 54,172개 그리고 동전이 수천 개가 되었다고 한다. 결국 그는 소년 시절의 요행 때문에 일생을 넝마주이로 산 것이다.

우연이나 요행을 바라는 것은 어리석은 일이다. 땅만 보고 사는 것은 허무한 일이다. 설령 요행을 바라는 중에 그것이 이루어졌다 해도 그것은 축복이 아니다. 사람은 다른 동물들과 달라서 서서 걷도록 되어 있다. 하나님께서 사람을 만들 때 땅도 볼 수 있도록 하셨지만 무엇보다 위를 보고 살 수 있도록 한 것이다.

손을 주셨다. 일하도록 한 것이다. 지혜와 이성을 주셨다. 생각할 수 있도록 한 것이다. 그러므로 사람은 얼마든지 생각 여하에 따라 아름다운 삶을 살 수 있고, 무엇을 보고 사느냐에 따라 고상한 삶을 살 수 있고, 얼마나 손을 부지런히 놀리느냐에 따라 보람 있게 살 수 있다.

요행을 꿈꾸는 것은 부끄러운 차원을 넘어 죄를 짓는 일이다. 하나님은 사람에게 일하는 중에 행복을 누리도록 배려하셨다. 그러므로 에덴 동산에서도 땅을 정복하고, 바다의 물고기와 하늘의 새와 땅에 움직이는 모든 생물을 다스리라 하셨다.(창 1:28) 만물을 경영하라는 뜻이었다. 범죄 후에도 비록 땀 흘리는 수고를 하도록 했지만 일 자체를 빼앗지 않았다. 그뿐인가. 성경은 일하기 싫어하거든 먹지도 말게 하라고 교훈하고 있다.(살후 3:10)

위를 보고 살아야 한다. 소망과 기대를 가지고 전능자를 바라보면 고상한 꿈을 이룰 수 있다. 열심히 일하면서 살아야 한다. 땀 흘려 일하면 하나님께서 반드시 그 보람을 얻게 해 주신다.

지혜자는 "처음에 속히 잡은 산업은 마침내 복이 되지 아니하느니라."라고 했고(잠 20:21) 바울 사도는 "그러므로 너희가 그리스도와 함께 다시 살리심을 받았으면 위의 것을 찾으라 거기는 그리스도께서 하나님 우편에 앉아 계시느니라 위의 것을 생각하고 땅의 것을 생각하지 말라."라고 권면하고 있다.(골 3:1~2) 일을 기피하거나 땅만 바라보면서 요행을 꿈꾸는 것은 건전한 사고를 가진 사람이라면 할 짓이 아니다.

순망치한 (脣亡齒寒)

"만일 한 지체가 고통을 받으면 모든 지체가 함께 고통을 받고 한 지체가 영광을 얻으면 모든 지체가 함께 즐거워하느니라." (고전 12:26)

　춘추(春秋)시대 말엽, 오패(五覇)의 한 사람인 진(晉)나라의 문공(文公)의 아버지 헌공(獻公)이 '괵'과 '우'(虞) 두 나라를 공략할 때의 일이다. 괵나라를 치기로 결심한 헌공은 통과국인 우나라의 우공(虞公)에게 길을 빌려 주면 많은 재보(財寶)를 주겠다고 제의했다. 우공이 이 제의를 수락하려 하자 중신 궁지기(宮之奇)가 극구 수락하지 말라고 간하였다.

　"전하 괵나라와 우나라는 한 몸이나 다름없는 사이이니 괵나라가 망하면 우나라도 망할 것이옵니다. 옛 속담에도 '덧방나무와 수레는 서로 의지하고[輔車相依(보거상의)] 입술이 없어지면 이가 시리다.' [脣亡齒寒(순망치한)]란 말이 있습니다."

　그러나 재보(財寶)에 눈이 먼 우공은 결국 진(晉)나라에 길을 내

주고 말았다. 그러자 궁지기는 나라에 화가 미칠 것을 예견하고 일가권속을 이끌고 우나라를 떠났다. 아닌 게 아니라 괵나라를 멸하고 돌아가던 진나라 군사는 궁지기의 예언대로 단숨에 우나라도 공략하고 우공을 포로로 잡아갔다.

춘추좌씨전(春秋左氏傳)에 나오는 고사(故事)로 순망치한(脣亡齒寒)이란 말은 "입술을 잃으면 이가 시리다."라는 뜻으로 가까운 사이의 한쪽이 망하면 다른 한쪽도 온전하기 어렵다는 것을 비유하기도 하고, 서로 도우며 떨어질 수 없는 밀접한 관계를 말할 때 쓰기도 한다.

우리의 생활 속에서는 남의 일이라고 방관할 수만 없는 일들이 자주 일어난다. 이웃에게 미친 불행이 곧바로 나에게 영향을 미치는 경우가 있는 것이다. 그만큼 우리는 관계 속에서 이웃과 함께 살고 있는 것이다. 그러므로 우리는 남이 잘못되는 것을 기뻐하지 말아야 한다. 이웃이 망하면 다음은 내 차례일 수 있다. 성경이 이웃을 내 몸처럼 사랑하라고 가르친 것은 그 이웃과 내가 무관하지 않기 때문이기도 하다. 입술과 이의 관계인 것이다. 큰 회사가 망하면 그 회사에서 하청을 받아서 일하는 하도급 회사도 같이 어려움에 처하게 된다. 그러나 큰 회사가 흥하면 그 회사에서 하청을 맡아 운영되는 하도급 회사에게도 유익이다. 순망치한의 관계인 것이다. 가족 중의 하나가 아픔을 겪으면 온 가족의 아픔이 되고 그 하나가 기쁨을 얻으면 온 가족의 기쁨이 된다. 역시 순망치한의 관계다.

성경은 교회를 주님의 몸으로, 성도를 몸의 각 지체로 비유한다. 즉 주님의 몸인 교회는 성도라고 하는 다양한 지체로 이루어져 있는 것이다. 그렇기 때문에 주님의 몸인 교회는 만일 성도인 한 지체가 고통을 받으면 모든 지체가 함께 고통을 받고 한 지체가 영광을 얻으면 모든 지체가 함께 즐거워하는 것이다.(고전 12:26~27)

그렇다. 맛있는 음식을 먹으면 입만 즐거운 것이 아니라 온 몸과 마음이 다 즐겁다. 그러나 손을 다치면 손만 아픈 것이 아니라 머리끝에서부터 발끝까지 아프지 않은 곳이 없다. 그러므로 각 지체는 서로 아끼고 보호해야 하는 것이다. 눈이 손더러 내가 너를 쓸 데가 없다 하거나 또한 머리가 발더러 내가 너를 쓸 데가 없다고 할 수 없는 것이다.(고전 12:21) 누구든지 한 지체라도 부실하면 장애인이라는 이름을 면할 수 없는 것이다. 다시 말하면 우리의 모든 지체는 서로 돕고 보호해야 하는 순망치한의 관계인 것이다.

십시일반 (十匙一飯)

> "믿는 무리가 한마음과 한 뜻이 되어 모든 물건을 서로 통용하고 자기 재물을 조금이라도 자기 것이라 하는 이가 하나도 없더라." (행 4:32)

 여러 사람이 조금씩만 힘을 모으면 한 사람 돕기는 어렵지 않다. 힘 있는 사람들이 조금씩만 배려해 준다면 연약한 사람들은 큰 힘을 얻게 되는 것이다. 성경은 "믿음이 강한 우리는 마땅히 믿음이 약한 자의 약점을 담당하고 자기를 기쁘게 하지 아니할 것이라."라고 권면하고 있다.(롬 15:1) 그러므로 내가 남보다 무엇인가 탁월한 것을 소유하고 있다면 그것은 나를 위해서라기보다는 오히려 이웃을 위한 것일 수 있다.

 초대교회는 서로 돕는 공동체였다. 강한 자가 약한 사람을 위하고, 있는 자가 없는 사람을 돕는 사랑의 공동체였다. 강요된 것이 아니었다. 주님의 십자가 사랑에 감동된 사람들이 자발적으로 일구어 낸 결실이었다.

이 공동체 안에는 가난한 사람이 없었다. 밭과 집 있는 사람들이 그것을 팔아 그 값을 가져다가 사도들에게 드리고 저희는 또 그것을 각 사람의 필요를 따라 나누어 주었기 때문이다.(행 4:34~35) 성경은 당시 교회 공동체의 상황을 믿는 무리가 한 마음과 한 뜻이 되어 모든 물건을 서로 통용하고 자기 재물을 조금이라도 자기 것이라 하는 이가 하나도 없더라고 말씀해 놓고 있다.(행 4:32, 2:44~45)

성경은 교회 공동체를 몸으로 비유하고 있다. 진실로 교회는 다양한 지체로 구성된 몸이요, 유기적으로 연합된 지체의 모임이다. 그러므로 당연히 한 지체가 고통을 받으면 모든 지체가 함께 고통을 받고 한 지체가 영광을 얻으면 모든 지체가 함께 즐거워할 수밖에 없는 운명공동체여야 한다.(고전 12:26) 그러나 오늘의 현실은 어떠한가?

하나님은 당시 누구의 도움이 없이는 연명하기가 어려운 처지의 사람들, 예를 들면 고아와 과부와 나그네 같은 사람들에게 얼마나 많은 관심을 기울이셨는가. 시인은 그래서 "그의 거룩한 처소에 계신 하나님은 고아의 아버지시며 과부의 재판장이시라."라고 했다.(시 68:5) 이스라엘 민족도 과거에는 애굽에서 나

그네와 같은 처지였음을 상기시켜 그 나약한 사람들을 불쌍히 여기며 억울하게 하지 말아야 할 것을 명령하셨다.

예수님은 "지극히 작은 자 하나에게 하지 아니한 것이 곧 내게 하지 아니한 것이요,(마 25:45) 여기 내 형제 중에 지극히 작은 자 하나에게 한 것이 곧 내게 한 것이라."라고 하시면서(마 25:40) 어려움에 처하고 고난당하는 사람에게 베푸는 선행을 예수님 자신에게 하는 것과 일치시키고 있다.

누가 주님의 마음을 시원하게 해드릴 수 있을까? 바울 사도는 성도 섬기기를 작정한 사람, 부족한 것을 보충해 준 사람을 가리켜서 내 마음을 시원하게 한 사람이라고 했다.(고전 16:15~18)

지나친 이기주의가 마음을 답답하게 하는 세상에서 정말 우리는 이웃의 마음을 시원케 하며 살아갈 수는 없는 것일까? 성경은 "너희가 짐을 서로 지라 그리하여 그리스도의 법을 성취하라."라고 권면하고 있다.(갈 6:2)

사실 나 혼자 목표를 향하여 열심히 달리는 것도 좋지만 같이 걷는 것이 아름답고, 나 혼자 잘하는 것도 중요하지만 힘을

합하여 협동할 때 더 큰 힘이 나오는 게 아니겠는가. 합심하여 기도하고, 합력하여 전도하고, 협동하여 돕고 봉사하는 곳에 아름다움과 위대한 힘이 나온다.

티끌도 모아지면 태산이 되고[진합태산(塵合泰山)] 한 방울, 한 방울의 물이 모이면 연못을 이루는 게 아닌가.[적수성연(積水成淵)] 지금은 사랑의 공동체인 하나님 나라를 위해서 작은 힘이지만 그것을 모으는 훈련이 필요한 때다.

실로 재질이 있는 사람이 유능한 지도자를 만나지 못하여 지도 받을 기회를 잃고, 배워야 할 사람이 학비가 없어 배울 수 있는 기회를 놓치고, 병든 사람이 치료비가 없어 죽어 가고, 일할 수 있는 건강한 인재가 일자리가 없어 사용되지 못한다면 그것은 개인으로도 불행한 일이지만 사회적으로 큰 손해가 아닐 수 없다.

십시일반.(十匙一飯) 열 사람이 밥 한 술씩 모으면 한 사람의 한 끼 식량이 된다.

제4부
안거위사

안거위사
양두구육
양상군자
어부지리
역지사지
오십보 백보
온고지신
와신상담
우공이산
음하만복
일어탁수

안거위사 (安居危思)

"형통한 날에는 기뻐하고 곤고한 날에는 되돌아보아라 이 두 가지를 하나님이 병행하게 하사 사람이 그의 장래 일을 능히 헤아려 알지 못하게 하셨느니라."(전 7:14)

평생을 살다 보면 형통한 때도 있고 곤고한 날도 있다. 역사를 보면 어느 나라든지 흥왕할 때가 있었는가 하면 쇠약할 적도 있었다. 마치 날씨와 같고 계절과 같다. 매일 맑은 날만 있는 게 아니라 흐릴 때도 있고 비가 오는 날도 있다. 낮이 지나면 밤이 오고 밤이 지나면 새벽이 찾아온다. 계절도 그렇다. 추운 겨울이 지나면 새 봄이 오고 여름이 온다. 그러나 봄, 여름이 지나면 낙엽이 우수수 지는 가을이 오고 겨울도 찾아온다.

그러므로 우리는 곤고한 날이 왔다고 낙심하거나 좌절해서는 안 된다. 언제 형통한 날로 바뀔지 아무도 모른다. 형통하다고 긴장을 풀고 무방비로 살아서도 안 된다. 언제, 어떤 회오리바람이 불어 닥칠지 모르기 때문이다. 욥의 가정에 그런 끔찍한

재난이 닥칠지 누가 짐작이나 했겠는가. 하나님을 신실하게 믿는 가정이었음에도 욥은 하루아침에 전 자녀와 전 재산과 자신의 건강을 잃는 슬픔을 만나고 말았다.

왜 우리에게는 이처럼 곤고한 날과 형통한 날이 번갈아 찾아올까? 지혜자는 말했다.

"형통한 날에는 기뻐하고 곤고한 날에는 되돌아보아라 이 두 가지를 하나님이 병행하게 하사 사람이 그의 장래 일을 능히 헤아려 알지 못하게 하셨느니라."(전 7:14)

결국 형통한 날과 곤고한 날을 번갈아 주시는 것은 하나님께서 하시는 일이고, 그 이유는 사람이 그의 장래의 일을 헤아리지 못하게 하기 위함이라는 것이다. 그러므로 우리는 굳이 장래 일을 알려고 할 필요는 없다. 단지 형통한 날이 오면 하나님 안에서 기뻐하고, 곤고한 날이 닥치면 지난날을 되돌아보면서 잘못된 행위를 반성해야 할 것이다.

형통하다고 언제나 그렇게 살 것처럼 교만하지 말고 곤고한 날이라고 낙심하지 말 일이다. 언제, 어떻게 다시 회복될지는 하나님만이 아시는 비밀이기 때문이다. 그것이 하나님의 주권을 인정하며 사는 삶이요, 나를 주께 맡기고 사는 신실한 신앙인의 삶이 아니겠는가.

안거위사(安居危思)란 말이 있다. 편안할 때 어려움이 닥칠 것을 생각하고 미리 대비해야 한다는 뜻이다. 역시 인생은 편안하기만 하지 않다는 것을 전제하는 말이다. 언제든지 불우할 때가 올 수 있다는 것이다. 항상 조금은 긴장하며 살아야 할 이유가 여기에 있는 것이다.

성경에는 평안할 때 미리 준비를 잘 해 두었다가 시쳇말로 대박난 사람의 이야기가 있다. 요셉의 이야기다. 그는 시위대장 보디발의 처의 무고로 감옥에 갇혀 있다가 애굽 왕의 꿈을 해몽해 주고 일약 국무총리로 발탁된 인물이다.

애굽의 바로가 꿈을 꾸었다. 자신이 나일 강가에 섰는데 처음엔 아름답고 살진 암소 일곱 마리가 갈밭에서 풀을 뜯고 있는데 그 뒤에 흉하고 파리한 다른 일곱 암소가 올라와 전의 아름답고 살진 일곱 암소를 먹는 것이었다. 그리고 잠을 깼다. 다시 잠이 들었는데 이번에는 한 줄기에 무성하고 충실한 일곱 이삭이 나오고 나중에 가늘고 마른 이삭 일곱이 나와 앞의 무성하고 충실한 일곱 이삭을 삼키는 꿈을 꾸었다.

　심상치 않은 꿈으로 여긴 왕은 애굽의 모든 점술가와 현인들을 불러 꿈 해몽을 지시했다. 그러나 아무도 그 꿈을 해몽하지 못했다. 결국 감옥에 갇혀 있던 요셉이 해몽을 했는데, 앞으로 7년 동안 애굽 전역에 풍년이 들 것이며, 그 이후 7년 동안에는 흉년이 들 것이라는 것이었다. 그리고 나중의 7년 흉년을 대비하기 위해서는 처음 7년 동안 있을 풍년 때에 곡물을 저장해 두어야 한다고 제안을 했다.(창 41장) 이 꿈 해몽과 장차 일어날 재난의 때를 잘 대비하게 한 공로로 요셉은 종의 신분을 벗고 대애굽의 국무총리가 될 수 있었다.

　그렇다. 어려울 때를 미리 대비하여 준비하는 것은 지혜로운 일이다. 항상 준비하고 대비하는 삶을 살아야 할 것이다. 그런데 우리 앞에는 철저하게 준비할 중요한 일이 하나 남겨져 있다. 주님이 다시 오심에 대한 준비다. 성경은 주님이 심판주로 다시 오실 것에 대해서 말씀하고 있다. 그러나 그날과 때에 대해서는 철저하게 비밀로 하고 있다. 우리가 지혜로운 사람이라면 성경이 말씀하는 말세의 징조들에 유의하면서 영적으로 깨어 있어야 할 것이다.

성경은 말씀한다.

"형제들아 때와 시기에 관하여는 너희에게 쓸 것이 없음은 주의 날이 밤에 도둑같이 이를 줄을 너희 자신이 자세히 알기 때문이라 그들이 평안하다 안전하다 할 그때에 임신한 여자에게 해산의 고통이 이름과 같이 멸망이 갑자기 그들에게 이르리니 결코 피하지 못하리라."(살전 5:1~3)

유비무환(有備無患)이라 했다던가. 미리 준비되어 있으면 걱정할 것이 없다.

양두구육 (羊頭狗肉)

"하나님은 사람을 정직하게 지으셨으나 사람이 많은 꾀들을 낸 것이니라."
(전 7:29)

  춘추시대(春秋時代) 제(齊)나라의 영공(靈公)은 궁중의 여인들에게 남장(男裝)을 시켜 놓고 완상(玩賞)하는 별난 취미를 가지고 있었다. 그런데 이러한 취미는 곧 백성들 사이에도 유행이 되어 남장(男裝)한 여인이 날로 늘어났다. 그러자 영공(靈公)은 재상인 '안영'에게 궁 밖에서 남장하는 여인들을 처벌하라는 금령을 내리게 했다. 그럼에도 여인들의 남장하는 유행은 좀처럼 수그러들지 않았다. 영공(靈公)이 안영에게 그 까닭을 묻자 그는 이렇게 대답했다.

  "전하께서는 궁중의 여인들에게 남장(男裝)을 허용하시면서 궁 밖의 여인들에게는 금령을 내리셨습니다. 이는 마치 밖에는 양 머리를 걸어 놓고 안에서는 개고기를 파는 것과 같습니다. 이제라도 궁중의 여인들부터 남장을 금하시옵소서. 그러면 궁

밖의 여인들은 감히 남장을 하지 못할 것입니다."

영공(靈公)은 안영의 진언을 듣고 즉시 궁중의 여인들에게 남장 금지령을 내렸다. 그러자 그 이튿날부터 제(齊)나라에서 남장한 여인을 찾아볼 수 없게 되었다.

이는 '안자춘추'(晏子春秋)에 나오는 고사(故事)다. '밖에는 양 머리를 걸어 놓고 안에서는 개고기를 판다'는 뜻을 가진 이 양두구육(羊頭狗肉)이라는 성어(成語)는 겉과 속이 일치하지 않을 때나 겉은 훌륭하지만 속은 전혀 다른 속임수를 비유할 때 쓰이는 말이다.

윗물이 맑아야 아랫물이 맑다. 자신들은 모범을 보이지 않으면서 다른 사람은 바르게 살기를 원한다면 그 뜻은 이룰 수 없다. 사람들은 계도하는 말을 듣기보다는 어떻게 행동하느냐를 보기 때문이다. 겉으로 명분은 그럴싸하게 내걸고 속으로 엉뚱한 행동을 하면서 남을 설득할 수는 없다. 세상 사람들이 그렇게 무지몽매하지만은 않기 때문이다.

예수님의 위대함은 당신이 가르친 내용과 당신이 살아가신 방법이 일치한 데 있다. 주님은 외식하는 바리새인들과 서기관

들을 향하여 '회칠한 무덤' 이라고 하셨다. 저들의 표리부동한 행동이 마치 속에는 송장이 썩어 가고 있는데 겉은 회칠을 하여 아름답게 꾸며 놓은 무덤과 같았기 때문이다.

우리 사회에서는 겉과 속이 다른 행동을 하는 사람을 흔히 이중인격자라 한다. 언제나 명분은 모든 사람의 호기심을 불러 일으킬 정도로 내걸어 놓지만 실상은 거짓되고, 자기 유익만 추구하는 경우다. 그런 인격으로 존경받을 수 있겠는가. 진실과 정직만이 인정과 존경을 받고 뒤를 따르게 만든다. 그렇다. 거짓은 결코 오래 가지 않고 아무리 거짓에 능한 사람이라 할지라도 같은 사람을 여러 번 계속해서 속일 수는 없다.

성경은 "하나님은 사람을 정직하게 지으셨으나 사람이 많은 꾀들을 낸 것이니라."라고 했고(전 7:29) 다윗은 범죄 후 뉘우치면서 "하나님이여 내 속에 정한 마음을 창조하시고 내 안에 정직한 영을 새롭게 하소서!" 하고 소원했다.(시 51:10)

남들이 바르게 살기를 원한다면 나부터 바르게 사는 모범을 보여야 하지 않겠는가.

양상군자(梁上君子)

"네가 네 손이 수고한 대로 먹을 것이라 네가 복되고 형통하리로다."
(시 128:2)

후한(後漢) 말기에 진식(陣寔)이란 사람이 태구현(太丘縣)의 현령(縣令)으로 있을 때의 일이다. 그는 청렴했고 늘 겸손한 자세로 매사를 공정하게 처리함으로 현민(縣民)들로부터 존경을 받았으며 현민들도 안락한 생활을 했다.

그러던 어느 해 흉년이 들었고 백성들은 양식이 부족하여 괴로움을 당하게 되었다. 그날도 진식(陣寔)은 대청에서 독서를 하고 있었는데 도둑이 들어와 대들보 위에 숨는 것이 보였다. 진식은 모르는 척 독서를 계속하다가 아들과 손자들을 불러들여 위엄을 갖추고 훈계하기 시작했다.

"사람은 스스로 노력하지 않으면 안 된다. 악인이라 해도 모두 본성이 악해서 그런 것이 아니다. 습관이 어느덧 성품이 되어 악행을 하게 되느니라. 이를테면 이 대들보 위에 있는 이 사람도 그렇다."

이 훈계를 대들보 위에서 조마조마한 마음으로 같이 듣고 있던 도둑이 감동하여 대들보에서 내려와 마루바닥에 엎드려 머리를 조아리고 사죄했다. 진식이 한참 그를 바라보다가 말했다.
"네 얼굴을 보아하니 악인은 아닌 것 같다. 깊이 반성하여 사사로운 마음을 이기면 착한 사람이 될 수 있을 것이다. 오죽이나 어려웠으면 이런 짓을 했겠는가."
진식은 오히려 그에게 비단 두 필을 주어 돌려보냈고 이후 태구현에는 도적이 없었다고 한다. 후한서(後漢書)에 나오는 고사(故事)로 이후 양상군자(梁上君子)란 말은 대들보 위의 군자라는 뜻으로 도둑을 일컬을 때나 천정 위의 쥐를 일컬을 때 쓰이고 있다.

성경은 도적질을 인간의 기본적인 죄로 인정하고 엄히 금하여 모세의 십계명에도 여덟 번째로 명시해 놓고 있다.(출 20:15) 사람들 중에는 선하고 의로운 도적질을 인정하려 드는 경우가 있다. 가령 부정하게 모은 부자의 재산을 훔쳐다 가난한 사람을 도와주는 일을 하는 사람을 의적(義賊)이라고 이름 붙이기도 한다. 그러나 엄밀히 말하면 의적은 있을 수 없다. 목적이 선하면 방법도 선해야 하고 목적이 의로우면 방법도 의로워야 한다. 잘못된 방법으로 선(善)과 의(義)를 이루려 한다면 기본부터 잘못된 것이다.

그러므로 모든 유무형(有無形)의 남의 것을 정당한 허락 없이 자기 것으로 만드는 것은 모두 도적질이다. 절도, 강도(强盜)는 물론이고 횡령,(橫領) 사기,(詐欺) 배임,(背任) 토색,(討索) 뇌물(賂物) 등은 모두 도적질에 해당된다.

아간은 여리고 성에서 탈취한 것 중에서 외투 한 벌, 은 2백 세겔, 금덩이 5십 세겔을 자기 개인 소유로 만듦으로 아골 골짜기에서 가족과 함께 돌에 맞아 죽었고,(수 7:21~26) 게하시는 스승인 엘리사를 속이고 문둥병을 고치고 돌아가는 아람 나라의 군대장관 나아만을 뒤좇아 가 은 두 달란트와 옷 두 벌을 받아 왔다가 대대로 문둥병자가 되는 저주를 받았다.(왕하 5:20~27) 압살롬은 백성들의 마음을 도적질하고(삼하 15:6) 급기야는 아버지인 다윗을 대적했는데 결국 에브라임 수풀에서 비참한 최후를 맞았다.(삼하 18:9~15)

그러나 세리장이었던 삭게오는 남의 것을 속여 빼앗은 일이 있으면 4배나 갚겠다고 회개함으로 주님께 용서를 받았다.(눅 19:8) 만물의 주인이신 하나님은 질서의 하나님이시요, 자비의 하나님이시다. 정당하게 일하는 사람에게 양식을 주신다. 편법이나 부끄러운 방법으로 재물을 얻으려 말고 손이 수고한 대로 먹는 복을 누려야 한다.(시 128:2) 하나님은 자기를 경외하는 자들에게 양식을 주신다.(시 111:5) 광야에서 이스라엘 백성에게 만나도 내려 주시고 메추라기도 주지 않으셨는가. 거기에서 불순종과 반역으로 죽은 사람은 있었어도 굶어죽은 사람은 단 한 명도 없었다.

어부지리 (漁父之利)

"마른 떡 한 조각만 있고도 화목하는 것이 제육이 집에 가득하고도 다투는 것보다 나으니라."(잠 17:1)

　중국의 춘추전국시대(春秋戰國時代) 연(燕)나라에 기근이 들자 이웃 조(趙)나라 혜문왕(惠文王)은 기다렸다는 듯이 연(燕)나라를 칠 준비를 했다. 이를 안 연(燕)나라 소왕(昭王)은 소대(蘇代)라는 사람을 파견하여 혜문왕(惠文王)을 설득해 침략하지 못하도록 하라고 했다. 조(趙)나라에 도착한 소대(蘇代)는 혜문왕을 설득하기 시작했다.

　"오늘 소신이 귀국(貴國)에 들어오는 길에 역수[易水 : 연(燕)과 조(趙)의 국경을 이루는 강]를 지나다가 문득 강변을 바라보니 조개가 조가비를 벌리고 햇볕을 쬐고 있었습니다. 이때 갑자기 도요새가 날아와 뾰족한 부리로 조갯살을 쪼았습니다. 깜짝 놀란 조개가 화가 나서 조가비를 굳게 닫고 도요새의 부리를 놓아 주지 않았습니다. 그러자 다급해진 도요새가 '이대로 오늘도, 내일도 비가 오지 않으면 너는 말라 죽고 말 것이다.' 하고 위협하면서 놓아 주기를 구했습니다. 그러자 조개도 지지 않고 '내가 오늘도, 내일도 놓아 주지 않으면 너야말로 굶어죽고 말 것이다.' 하고 맞받았습니다. 이렇게 쌍방이 한 치의 양보도 없이 팽팽히 맞서 옥신각신하는 사이에 마침 그곳을 지나가던 한 어부(漁夫)가 이들을 발견하고 둘 다 잡아가고 말았습니다. 전하께서는 지금 연(燕)나라를 치려고 하십니다만 연(燕)나라가 조개라면 조(趙)나라는 도요새이옵니다. 연(燕)과 조(趙) 두 나라가 공연히 싸워 백성들을 피폐케 한다면 귀국과 접해 있는 저 강대한 진(秦)나라가 어부(漁夫)가 되어 맛있는 국물을 다 마셔 버리고 말 것입니다."

이 소대(蘇代)의 진언(進言)을 듣고 조(趙)나라의 혜문왕(惠文王)은 즉시 연(燕)나라를 치려던 계획을 철회하기에 이르렀다. 이는 『전국책』(戰國策)에 나오는 고사(故事)로 쌍방이 다투는 사이에 제삼자가 힘들이지 않고 이득을 챙긴다는 뜻으로 쓰이는 말이다.

그렇다. 서로 다투고 싸워서 피차 이익 볼 것은 없다. 이기나 지나 상처만 남는 것이다. 그럼에도 불구하고 사람들은 마치 조개와 도요새처럼 싸워서 이기면 상대방에게만 피해가 있는 줄 알고 양보하지 않고 다투려 든다.

그러나 싸워서 유익한 것은 없다. 가족끼리 싸우면 그 가정의 행복이 무너지고 백성이 서로 싸우면 그 나라가 쇠약해질 수밖에 없다. 그렇다면 성도가 서로 싸우면 누가 좋아하겠는가? 그러므로 지혜자는 말씀했다.

> "마른 떡 한 조각만 있고도 화목하는 것이 제육이 집에 가득하고도 다투는 것보다 나으니라."(잠 17:1)

우리는 가급적 싸움을 피해야 한다. 성경은 "피차 비방하지 말라."라고 했고(약 4:11) "만일 서로 물고 먹으면 피차 멸망할까 조심하라."라고 경계하고 있다.(갈 5:15)

그러나 무엇보다 우리는 보다 적극적으로 화목을 도모해야 한다. 예수님은 "너희 속에 소금을 두고 서로 화목하라."라고 가르치셨고(막 9:50) 바울 사도는 "그들의 역사로 말미암아 사랑 안에서 가장 귀히 여기며 너희끼리 화목하라."라고 가르쳤을 뿐 아니라(살전 5:13) "할 수 있거든 너희로서는 모든 사람과 더불어 화목하라."라고 권면했다.(롬 12:18)

그렇다. 우리는 주님의 은혜로 화목하게 하는 직책을 받은 사람들이요,(고후 5:18~19) 주님은 화평케 하는 자가 하나님의 아들이라 일컬음을 받을 것이라 했다.(마 5:9) 우리가 용서와 이해 없이 서로 다투고 싸우기만 한다면 좋아하는 것은 마귀밖에 없을 것이다. 피차 멸망하기 싫으면 서로 사랑하며 화목을 도모해야 할 것이다.

역지사지(易地思之)

> "우리 주 예수 그리스도의 은혜를 너희가 알거니와 부요하신 이로서 너희를 위하여 가난하게 되심은 그의 가난함으로 말미암아 너희를 부요하게 하려 하심이라."(고후 8:9)

이 시대는 갈등의 시대인가? 자고 일어나면 싸우는 소리만 들리는 것 같다. 정치 쪽으로 귀를 열면 여당(與黨) 하는 사람들과 야당(野黨) 하는 사람들이 서로 자기들이 잘했다고 독설을 퍼부어 대고 있고, 경제 쪽으로 눈을 돌리면 노사(勞使)간 대립이 심상치가 않다. 서로가 한 발씩 양보해야 한다고 타협을 주장하면서도 실제로 협상 테이블에 앉아서는 한 치의 양보도 하지 않고 있다.

그뿐인가. 남녀간에는 마치 성(性) 대결(對決)이라도 벌이는 것 같고, 계층간에는 철천지원수들이 만난 것 같다. 지역적 갈등은 왜 또 그리 심한고! "마른 떡 한 조각만 있고도 화목하는 것이 제육이 집에 가득하고도 다투는 것보다 나음"을 알기에(잠 17:1)

가화만사성(家和萬事成)이라는 액자를 버젓하게 걸어 놓고 있지만 그 아래서는 부자지간에는 세대차이로, 부부지간에는 자존심 문제로, 고부간에는 의견차이로 승자도 패자도 없는 싸움을 지속하고 있다.

서로 상대방과 처지와 입장을 바꾸어 생각해 볼 수는 없을까? 여당은 야당의 입장에서 생각해 보고, 야당은 여당의 처지에서 생각할 수는 없을까? 노동자는 사용자 측에 서서 생각하고 사용자는 노동자 측에 서서 생각해 볼 수는 없을까? 거기에 같이 살고 같이 승리하는 길이 있을 것 같은데 오늘 우리 사회는 상대방을 패배시켜야 내가 승리자가 되고 상대방을 죽여야 비로소 내가 산다는 식의 방식에만 익숙해져 있는 것 같다.

여당은 야당에게 지난날 우리가 야당 시절에는 그렇게까지 안 했노라고 윽박지르고 야당은 여당을 향해 우리가 그렇게까지 안 했노라고 비분강개하고 있다. 시어머니는 며느리에게 나 며느리 시절엔 그렇지 않았었다고 섭섭해하고 며느리는 시어머니에게 시대가 이만큼이나 바뀌었는데 왜 옛날 얘기만 해서 속을 뒤집느냐고 한다.

정말 더불어 잘살고 함께 승리하는 길은 없는가? 예수님은 사람을 이해하기 위해서 사람의 모습으로 이 땅에 오셨고, 죄인을 구원하시기 위해서 죄인의 모습으로 오셨다. 가난한 자를 위해서 가난한 자 곁으로 오셨고, 병든 자를 위하여 병든 자 곁에 오셨다. 눌린 자를 위하여 눌린 자 곁에 오셨고, 소외된 자를 위하여 그의 친구가 되셨고 그 친구를 위하여 죽기까지 하셨다.(요 15:13)

성경은 말씀하신다.

"그가 시험을 받아 고난을 당하셨은즉 시험받는 자들을 능히 도우실 수 있느니라."(히 2:18)

"우리 주 예수 그리스도의 은혜를 너희가 알거니와 부요하신 이로서 너희를 위하여 가난하게 되심은 그의 가난함으로 말미암아 너희를 부요하게 하려 하심이라."(고후 8:9)

이해될 수 있다. 용서할 수 있다. 같이 승리하고 더불어 잘사는 길도 있다. 진실로 겸손하게 서로 처지를 바꾸어 생각할 수만 있다면!

오십보 백보 (五十步 百步)

누구든지 온 율법을 지키다가 그 하나를 범하면 모두 범한 자가 되나니 간음하지 말라 하신 이가 또한 살인하지 말라 하셨은즉 네가 비록 간음하지 아니하여도 살인하면 율법을 범한 자가 되느니라."(약 2:10~11)

    정치하는 사람들과 공무원들의 부정부패 때문에 많은 사람들이 분개하면서 생선가게를 고양이에게 맡겨 놓은 격이 되었다고 흥분을 하고 있다. 실로 한심한 일이요, 분통이 터지는 현실이다. 몇몇 사람이 수사기관에 의하여 체포되어 좋은 자기 집 두고 감옥으로 들어갔다. 나도 그들의 결말을 바라보면서 그것은 자신들의 부정한 행위에 대한 당연한 귀추라고 생각했다.

    그러나 나는 또한 그들의 처량한 모습을 보면서 분개하기에 앞서 '나는 참 다행이다.' 하는 생각을 가졌다. 그것은 내가 그런 정치인들이나 공무원들처럼 부정부패에 연루되지 않았기 때문이 아니다. 나도 그런 부정행위가 있는데 저들처럼 드러나지 않아서도 아니다. 그런 부정부패의 자리에 애초부터 앉을 수 없도록 만들어 주셨고 부패에 연루될 소지를 처음부터 차단해 주신 하나님의 배려 때문이다.

만약 내가 그런 자리에 앉아 있었더라면 어떻게 되었을까? 나는 나의 의지를 믿지 못한다. 솔직히 고백한다면 나도 그런 자리에 앉아 있었더라면 그들과 같은 범죄에 가담했을 가능성이 농후하고 오히려 더 많은 잘못을 저질렀을지도 모른다. 만약 그렇다면 내가 그런 자리에 있지 않았다는 사실이 얼마나 고마운 일인가. 내가 부족하고 실력이 없어서 그런 자리를 넘보지도 못한 것이 오히려 감사한 것이다.

그리고 나는 깨닫는다. 우리가 범죄에 빠지지 않는 것은 나의 도덕심과 의지도 매우 중요하지만 그보다 근본적으로 하나님께서 막아 주셔야 한다는 사실을.

나도 별수 없이, 여느 사람들과 마찬가지로 저들의 부패와 타락에 분개하며 비난도 하고 불쾌하게 생각도 한다. 그러나 놀라운 것은 저들의 잘못을 일벌백계로 다스려야 한다고 피켓을 들고 일어서 외칠 용기가 내게 없다는 사실이다. 그렇다고 저들의 잘못을 용서하라고 외치지도 못한다. 이 얼마나 이러지도 저러지도 못하는 엉거주춤한 모습인가. 왜 나는 이렇게 우유부단할까?

그러나 "누구든지 온 율법을 지키다가 그 하나를 범하면 모두 범한 자가 되나니 간음하지 말라 하신 이가 또한 살인하지 말라 하셨은즉 네가 비록 간음하지 아니하여도 살인하면 율법을 범한 자가 되느니라."(약 2:10~11)라는 말씀이 나의 양심을 자극할 때 나는 속수무책이 되는 것이고 "너희 중에 죄 없는 자가 먼저 돌로 치라."(요 8:7)라고 하셨던 주님의 말씀에 돌을 들었던 내 손은 언제나 파르르 떨리고 있는 것이다.

거기다가 "음욕을 품고 여자를 보는 자마다 마음에 이미 간음하였느니라."(마 5:28)라고 하시고 형제를 미워하는 것이 곧 살인행위이며(요일 3:15) 탐욕을 품으면 이미 도적질한 것으로 간주해 버리는 이 엄격한 말씀 앞에 내가 어떻게 당당할 수 있겠는가.

나는 조금 훔쳤는데 너는 나보다 많이 훔쳤으니 너는 더 나쁘다, 하는 식의 논리가 하나님 앞에서는 통할 수 없잖은가. 전쟁터에 나가서 적군이 무서워 50보(步)를 도망친 사람이 100보(步)를 도망친 사람에게 비겁한 사람이라고 비웃을 수 있을까?

내가 결국 하나님의 경륜 앞에 무릎을 꿇는 것은 하나님은 우리를 정죄하고 심판하기에 앞서 사랑으로 풀려 하셨다는 사실에 있다. 우리가 태어나기 이전에 나의 모든 연약함과 죄악성을 아시고 그 죄에서 자유케 하며 용서하시기 위해서 미리 독생자로 하여금 우리의 모든 범과를 대신 짊어지고 죗값을 치르게 하셨다는 것은 얼마나 위대한 경륜인가! 간음한 여인에게 던지려던 돌을 내려놓고 우리는 먼저 하나님의 이 오묘하고 지극한 사랑 안으로 들어와야 한다고 내가 외치는 이유는 바로 여기에 있다.

"하나님이 세상을 이처럼 사랑하사 독생자를 주셨으니 이는 그를 믿는 자마다 멸망하지 않고 영생을 얻게 하려 하심이라."(요 3:16)

온고지신 (溫故知新)

"이 예언의 말씀을 읽는 자와 듣는 자와 그 가운데에 기록한 것을 지키는 자는 복이 있나니 때가 가까움이라" (계 1:3)

공자(孔子)는 논어(論語) 위정편(爲政篇)에서 이렇게 말했다. "온고이지신(溫故而知新) 가이위사의(可以爲師矣)" 즉 "옛 것을 익히어 새 것을 알면 이로써 남의 스승이 될 수 있다."라는 뜻이다.

다시 말하면 남의 스승이 된 사람은 고전(古典)에 대한 박식(博識)만으로 안 되고 고전을 연구하여 거기서 현대나 미래에 적용될 수 있는 새로운 도리를 깨달을 수 있어야 한다는 것이다. 여기서 나온 '온고지신'(溫故知新)이란 말은 '옛 것을 익히고 그것으로 미루어 새 것을 안다'는 뜻이다.

그렇다. 우리가 고전(古典)이나 역사를 공부하는 것은 단지 옛 것을 알자는 데만 목적이 있는 것이 아니다. 옛 것을 알았으면 그것이 오늘을 사는 우리에게 어떻게 적용될 수 있으며 어떻게 미래를 아름답게 만들어 갈 수 있을 것인가를 생각해 낼 수 있어야 하는 것이다. 그런 의미에서 고전(古典)이나 역사(歷史)는 지나간 이야기에 불과한 것이 아니다. 미래를 바라볼 수 있는 거울이기도 한 것이다.

성경(聖經)은 역사적 기록이다. 역사적 기록이면서 세세무궁토록 변함없이 인류에게 구원과 생명을 주는 진리이다. 그러므로 성경을 읽으면서 단지 옛 사람들의 이야기, 옛 사람들의 역사 정도로 이해한다면 아무 의미가 없다. 시간과 공간을 초월해서 위대한 구원의 진리를 보여 주고 있음을 모른다면 성경의 진정한 의미를 모르는 것이다.

물론 성경의 역사는 과거에 있었던 역사고, 그 말씀은 옛 사람들에게 주신 말씀이다. 그러나 그 말씀과 역사는 오늘을 사는 우리에게도 똑같이 들려주는 말씀인 것이다.

그러므로 언제든지 그 말씀을 대할 때 지금 나에게 주시는 말씀으로 받아야 한다. 그럴 때 말씀이 주는 약속이 내 속에서 그대로 이루어지는 것을 체험할 수 있게 된다. 성경은 세월이 아무리 많이 흐르고 상황과 사람이 바뀌어도 변함없는 가치를 가진 진리인 것이다.

그러므로 우리는 성경에서 과거를 봐야 한다. 그리고 현재에 적용시켜야 한다. 그리고 미래를 볼 수 있어야 한다. 태초에 하나님은 만물을 창조하셨다. 타락한 죄인들을 구원하셨다. 그 구원 사역은 현재도 계속해서 진행 중이다. 그리고 어느 날, 이 세상을 심판하실 것이다. 그때에, 이미 믿고 세례를 받은 사람은 구원을 얻을 것이요, 믿지 않는 사람은 정죄를 받게 될 것이다.(막 16:16)

그러므로 복 있는 사람은 이 예언의 말씀 읽고 듣고 그 가운데에 기록한 것을 지킬 것이며,(계 1:3) 오직 여호와의 율법을 즐거워하며 그의 율법을 주야로 묵상하는 삶을 살 것이다.(시 1:2)

와신상담 (臥薪嘗膽)

"아무에게도 악을 악으로 갚지 말고 모든 사람 앞에서 선한 일을 도모하라 할 수 있거든 너희로서는 모든 사람과 더불어 화목하라 내 사랑하는 자들아 너희가 친히 원수를 갚지 말고 하나님의 진노하심에 맡기라 기록되었으되 원수 갚는 것이 내게 있으니 내가 갚으리라." (롬 12:17~19)

춘추시대, 월왕(越王) 구천(勾踐)과 싸워 크게 패한 오왕(吳王) 합려(闔閭)는 적의 화살에 부상한 손가락의 상처가 악화되어 목숨을 잃게 되었다. 그는 임종 때 아들인 부차(夫差)에게 반드시 자신의 원수를 갚아 달라고 부탁을 하고 죽었다.

아버지의 뒤를 이어 오왕(吳王)이 된 부차(夫差)는 부왕의 유명(遺命)을 잊지 않으려고 섶 위에서 잠을 자면서 밤낮없이 복수를 꿈꾸었다. 그리고 은밀히 군사를 훈련하여서 때가 오기만 기다렸다.

드디어 월왕(越王) 구천(勾踐)의 공격으로 전쟁은 시작되었는데 이 전쟁에서 복수에 불타는 오나라 군사를 이기지 못하고 월왕 구천은 패배를 했다. 오왕(吳王) 부차(夫差)는 부왕이었던 합려(闔閭)

의 유명(遺命)을 이루어 드린 것이었다.

한편 오왕(吳王) 부차(夫差)에게 패배한 월왕(越王) 구천(勾踐)은 항복을 하고 겨우 오왕 부차의 신하가 된다는 조건으로 살아남았다. 그러나 고향으로 돌아온 월왕 구천은 항상 곁에다 쓸개를 놓아두고 그 쓴 맛을 맛보며 복수의 날을 기다렸다. 부부가 함께 밭 갈고 길쌈을 하는 농군이 되어 은밀하게 군사를 훈련해 두었다.

그러기를 12년 후 구천(勾踐)이 군사를 이끌고 오(吳)나라를 쳐들어가 7년 전쟁 후 왕 부차(夫差)를 굴복시켰다. 부차(夫差)는 자결을 했고 월왕 구천(勾踐)은 천하를 얻게 되었다.

이 고사(故事)에서 "섶 위에서 잠을 자고 쓸개를 핥는다."라는 뜻의 와신상담(臥薪嘗膽)이란 말이 나왔고, 그 뜻은 목적을 달성하기 위해 온갖 고난을 참고 견딘다는 비유로 쓰이고 있다. 이 고사(故事)는 사마천의 사기(史記) 월세가(越世家)에 나온다.

우리는 이 고사를 통해서 어떤 목적이 있다면 그 목적을 이루기 위하여 고난을 참고 견디는 인내와 집념이 있어야 한다는 좋은 교훈을 얻게 된다. 그러나 원수를 갚는 목적을 이루기 위해서 오랜 세월 인내하며 집착한다는 것에는 찬성할 수가 없다. 성경은 그렇게 해서는 안 된다고 가르치기 때문이다.

다윗은 사울 왕이 자신을 죽이려고 10년을 넘게 쫓아다녔지만 하나님의 섭리에 모든 것을 맡기고 피신생활만 했다. 심지어는 사울 왕을 죽일 수 있는 절호의 기회가 여러 번 있었지만 하나님께서 기름 부어 세운 종을 사람인 자신이 해(害)할 수 없다 하여 죽이지 않았다. 결국 하나님께서 심판하셨지만 어쨌든 다윗은 원수에게 보복하지 않았고 후에 사울의 뒤를 이어 왕이 되는 복을 받았다.

요셉은 자기를 애굽에 팔아먹은 형들에게 보복하지 않았다. 애굽에 팔려 와서 종살이 하고 무고로 감옥살이 한 것을 보복하려 했다면 얼마든지 처벌할 수 있는 애굽의 국무총리 자리에까지 올랐지만 형들을 용서하였다. 그는 오히려 보복을 두려워하며 용서를 비는 형들에게 간곡한 말로 위로하였다.

> "두려워하지 마소서 내가 하나님을 대신하리이까 당신들은 나를 해하려 하였으나 하나님은 그것을 선으로 바꾸사 오늘과 같이 많은 백성의 생명을 구원하게 하시려 하셨나니 당신들은 두려워하지 마소서 내가 당신들과 당신들의 자녀

를 기르리이다."(창 50:19~21)

그렇다. 성경은 원수를 갚지 말라고 하며 보복해서는 안 된다고 가르친다.

"너희 원수를 사랑하며 너희를 박해하는 자를 위하여 기도하라."(마 5:44)

"아무에게도 악을 악으로 갚지 말고 모든 사람 앞에서 선한 일을 도모하라 할 수 있거든 너희로서는 모든 사람과 더불어 화목하라 내 사랑하는 자들아 너희가 친히 원수를 갚지 말고 하나님의 진노하심에 맡기라 기록되었으되 원수 갚는 것이 내게 있으니 내가 갚으리라."(롬 12:17~19)

만약 원수를 갚기로 하고 계속 보복을 해 나간다면 세상에 평화는 이루어지지 않을 것이다. 원수는 계속해서 만들어지고 보복은 끝이 없는 악순환이 될 것이다. 예수님은 자신을 십자가에 못 박은 사람들을 위하여 "아버지 저들을 사하여 주옵소서 자기들이 하는 것을 알지 못함이니이다." 하고 기도하셨고(눅 23:34) 초대교회의 스데반 집사님은 자신을 향하여 돌을 던지는

원수들을 위하여 "주여 이 죄를 그들에게 돌리지 마옵소서." 하고 순교했다.(행 7:60)

우공이산 (愚公移山)

"믿는 자에게는 능치 못할 일이 없느니라." (막 9:23)

먼 옛날 태행산(太行山)과 왕옥산(王玉山) 사이의 좁은 땅에 우공(愚公)이라는 90세 노인이 살고 있었다. 그런데 사방 7백 리에 천 길 높이의 두 큰 산이 집 앞 뒤로 가로막고 있어 왕래가 불편하였다. 그래서 어느 날 우공은 가족들을 모아 놓고 의사를 타진했다.

"나는 너희들과 함께 저 두 산을 깎아 없애고 예주(豫州)와 한수(漢水) 남쪽까지 곧장 길을 내고 싶은데 너희들의 생각은 어떠냐?"

그랬더니 모두가 찬성하는데 유독 그의 아내만 무리한 생각이라고 반대하는 것이었다.

"아니 늙은 당신의 힘으로 어떻게 저 큰 산을 깎아 없앤단 말이오? 또 파낸 흙은 어디다 버리고?"

하긴 그랬다. 그럼에도 우공은 자신의 소신을 굽히지 않고 "흙은 발해(渤海)에 갖다 버릴 거요." 하는 것이었다.

이튿날 아침부터 우공은 세 아들과 손자들을 데리고 돌을 깨고 흙을 파서 삼태기에 담아 발해까지 갖다 버리기 시작했다. 한 번 갔다 돌아오는 데 꼬박 1년이 걸렸다. 이 모습을 보고 어느 날 '지수'라는 사람이 비웃으며 "죽을 날이 멀지 않은 노인이 망령"이라고 했다. 그럼에도 우공은 조금도 동요 없이 태연하게 이렇게 말하는 것이었다.

"내가 죽으면 아들이 하고 아들은 또 손자를 낳고 손자가 또 아들을 낳고, 이렇게 자자손손 계속하면 언젠가는 저 두 산이 평평해질 날이 오겠지."

이 말을 듣고 깜짝 놀란 것은 두 산을 지키는 사신(蛇神)이었다. 산이 없어지면 큰일이라고 생각한 사신은 옥황상제(玉皇上帝)에게 호소했고 옥황상제는 우공의 끈기에 감동하여 두 산을 옮겨 주었다는 열자(列子) 탕문편(湯問篇)에 나오는 우화이다. "우공이 산을 옮긴다."라는 뜻으로 어떤 큰일이라도 끊임없이 노력하면 반드시 이룬다는 교훈이 담긴 비유다.

성경은 "믿음이 없이는 하나님을 기쁘시게 할 수 없다."(히

11:6) 하시고 "우리에게 만약 믿음이 한 겨자씨만큼만 있으면 이 산을 명하여 여기서 저기로 옮기라 하여도 옮길 것이요 또 너희가 못할 것이 없으리라."라고 말씀한다. (마 17:20)

그렇다면 우리가 어떤 일을 하지 못함은 하나님을 기쁘시게 해드리는 믿음이 부족하기 때문이라는 결론에 이르게 된다. 그렇다. 우리는 믿음도 부족하고 어떤 목적을 이루고자 할 때 열심이나 끈기도 부족한 편이다. 일생 동안 해야 하는 기도 생활도 끈기와 참을성이 없어서 응답 받지 못하는 경우가 허다하다. 쉽게 포기하고 마는 것이다.

적어도 우리가 어떤 목적을 이루려면 그 목적이 하나님의 뜻에 합당한가를 파악한 다음 하나님의 뜻에 부합하는 일이라면 믿음을 가지고 행동해야 할 것이다. 행동하되 끈기와 열심을 가지고 실행을 하면 하나님도 감동하시고 도와주실 것이다.

비록 하나의 우화에 불과하지만 우공도 그 뜻을 굳건히 붙들고 행동으로 옮기니 불가능한 일도 성취할 수 있었다는 것인데, 하물며 천지 만물을 창조하신 전능하신 하나님께서 무슨 일인들 도와주시지 않겠는가.

믿음으로 모세는 홍해를 갈랐고, 엘리야는 하늘에서 불을 내리도록 했으며, 3년 6개월 동안 지면에 비를 내리지 않게도 하고 내리게도 했고, 여호수아는 중천에서 해가 멈추게 하는 일도 했다. 어찌 하나님의 능력을 힘입어 행한 믿음의 선진들의 일을 일일이 다 열거할 수 있으랴.

"믿는 자에게는 능치 못할 일이 없느니라."(막 9:23)

때로 우리는 이성적으로 볼 때는 조금 어리석다는 말을 들을 정도로 하나님을 믿고 의지해야 한다

음하만복 (飮河滿腹)

"내가 궁핍하므로 말하는 것이 아니니라 어떠한 형편에든지 나는 자족하기를 배웠노니 나는 비천에 처할 줄도 알고 풍부에 처할 줄도 알아 모든 일 곧 배부름과 배고픔과 풍부와 궁핍에도 처할 줄 아는 일체의 비결을 배웠노라."

(빌 4:11~12)

시궁쥐가 목이 마를 때 강물 앞에 나가서 과연 얼마만큼의 물을 마실 수 있을까? 갈증을 느끼는 것으로 하면 엄청나게 마셔야 할 것 같고, 마음 같아서는 양동이로 마시고 싶겠지만 그러나 자기 배만 채우면 더 마실 수 없는 것이다. 물이 부족해서 못 마시겠는가. 제 분수에 넘지 않도록 우리는 항상 자신을 돌아보고 조심해야 한다.

제 분수를 넘어서 그 이상을 소유하고 싶어 하는 욕심만큼 우리를 추하게 하고 부패하게 만드는 것이 있을까? 좀 더 가지고 싶고, 좀 더 예뻐지고 싶고, 좀 더 알고 싶고, 좀 더 뛰어나고 싶은 그 욕구들이 인류의 발전을 가져왔는지 모르지만 그것이 개인의 정욕을 위한 것이었을 때 그것은 오히려 재앙이 되어 자신을 불행에 빠뜨렸다.

아골 골짜기는 하나님의 명령이나 이스라엘 공동체를 생각지 아니하고 자신의 욕심만을 채우려 했던 아간을 징벌하기 위해서 준비되었고(수 7:24~26) 엘리사의 사환 게하시는 자신의 욕심을 채우려고 거짓되게 선생님의 이름을 팔아서 치부하려다 발각되어 나아만의 문둥병을 이어받아야 했다.(왕하 5:25~27)

욕심이 참으로 우리를 불행스럽게 만드는 것은, 첫째 그것이 만족을 모르게 한다는 것이다. 욕심에는 만족이 없다. 그러므로 성경은 "은을 사랑하는 자는 은으로 만족하지 못하고 풍요를 사랑하는 자는 소득으로 만족하지 아니하나니 이것도 헛되도다."라고 했다.(전 5:10)

실로 만족을 모른다는 것은 불행이다. 그러므로 성경은 우리의 행복을 위해서 "그가 모태에서 벌거벗고 나왔은즉 그가 나온 대로 돌아가고 수고하여 얻은 것을 아무것도 자기 손에 가지고 가지 못하리니"라고 하시면서 "우리가 먹을 것과 입을 것이 있은즉 족한 줄로 알 것이니라."라고 권면하고 있다.(전 5:15; 딤전 6:8)

욥이 하루아침에 모든 자녀와 전 재산을 잃고도 하나님을 원망하거나 불평하지 않고 "내가 모태에서 알몸으로 나왔사온즉 또한 알몸이 그리로 돌아가올지라 주신 이도 여호와시요 거두신 이도 여호와시오니 여호와의 이름이 찬송을 받으실지니이다." 하며 오히려 하나님을 찬양할 수 있었다는 것은 얼마나 아름답고 존귀한 신앙인가!(욥 1:21)

자족하는 마음이 있으면 경건은 큰 이익이 된다고 성경은 말씀하고(딤전 6:6) 히브리서 기자는 "돈을 사랑하지 말고 있는 바를 족한 줄로 알라."라고 권면한다.(히 13:5)

욕심이 가지고 있는 또 하나의 불행은, 그것이 자신에게 온갖 시험을 이끌어 온다는 데 있다. 왜 우리는 가끔씩 시험을 당하는가? 그 원인을 분석해 보면 대부분 거기에는 욕심이 개재되어 있었다. 진실하지 못하고 만족하지 못하며 부당하고 불의한 방법으로라도 채우려 했던 욕심이 부끄러움과 실패와 더 큰 손해를 가져다주었지 않은가.

그러므로 성경은 "오직 각 사람이 시험을 받는 것은 자기 욕심에 끌려 미혹됨이라."라고 했다(약 1:14) 시험도 실패도 타락도 유혹 당함도 대체로 욕심에서 비롯되고 있다.

바울은 고백했다.

"내가 궁핍하므로 말하는 것이 아니니라 어떠한 형편에든지 나는 자족하기를 배웠노니 나는 비천에 처할 줄도 알고 풍부에 처할 줄도 알아 모든 일 곧 배부름과 배고픔과 풍부와 궁핍에도 처할 줄 아는 일체의 비결을 배웠노라."(빌 4:11~12)

그리스도 예수의 사람들은 육체와 함께 그 정욕과 탐심을 십자가에 못 박은 사람이다.(갈 5:24) 우리가 진정한 신앙인이라면 육체의 욕심을 이루지 아니하기 위하여 언제나 성령을 좇아 행해야 할 것이다.

참 행복은 자족하는 데 있고, 젖 뗀 아이가 그의 어머니 품에 있음같이 고요하고 평온한 심령은, 우리가 큰일과 감당하지 못할 놀라운 일을 하려고 힘쓰지 아니하며 오직 여호와 하나님만 바라보는 데 있다고 성경은 말씀한다.(시 131편)

일어탁수 (一魚濁水)

> "유대인에게나 헬라인에게나 하나님의 교회에나 거치는 자가 되지 말고 나와 같이 모든 일에 모든 사람을 기쁘게 하여 자신의 유익을 구하지 아니하고 많은 사람의 유익을 구하여 그들로 구원을 받게 하라."(고전 10:32~33)

우리에게는 "미꾸라지 한 마리가 온 방죽을 흐린다."라는 속담이 있는데 순오지(旬五志)에는 일어탁수(一魚濁水)란 말이 있다. 물고기 한 마리가 온 시냇물을 흐린다는 뜻으로 한 사람의 잘못으로 여러 사람이 해를 입을 때 쓰이는 비유다.

공동체 안에서 한 사람은 미미하게 보일지 모르지만 그게 아니다. 실로 한 사람의 잘못으로 전체를 곤란하게 만드는 경우는 많다.

요나가 그랬다. 니느웨로 가서 회개를 선포하라는 하나님의 명령을 받았지만 원수의 나라라는 개인 감정 때문에 명을 어기고 다시스로 가는 배에 올랐다. 하나님의 낯을 피하여 도망치려함이었다. 그러나 요나가 탄 배는 출항한 지 얼마 안 되어 풍랑에 휩싸이게 된다. 생사의 기로에서 승선한 사람들은 각자 자기들이 섬기는 신(神)의 이름을 부르며 구조를 요청했고 그래도 풍랑이 멈추지 아니하자 자구책으로 물건들을 바다에 던져 배를 가볍게 하려 했다.

그러나 온갖 수단을 다 강구해도 풍랑이 멎지 않자 승객들은 과연 이 풍랑이 누구 때문에 일어났는가, 제비를 뽑기에 이르렀다. 요나가 걸려들었다. 하나님은 요나의 불순종을 바로잡고 끝내 그로 하여금 사명을 감당케 하기 위하여 풍랑을 사용하셨던 것이다.

그렇다면 요나는 그렇다 치고 배 안에 있었던 다른 사람들은 왜 고생을 해야 했는가? 물고기 한 마리가 온 시냇물을 흐리는 것처럼 요나 한 사람 때문에 배 안에 있었던 모든 사람은 고난을 당할 수밖에 없었다. 풍랑은 요나를 산 채로 바다에 던졌을 때 비로소 멎었다.

여호수아의 인도로 요단 강을 육지처럼 건넌 이스라엘 백성들은 난공불락의 성, 여리고를 손쉽게 무너뜨리고 승리할 수 있었다. 하나님의 말씀에 순종하여 법궤를 멘 제사장을 앞세우고 온 백성이 여리고 성을 하루에 한 바퀴씩 돌고 이레째 되는 날에는 일곱 번 돈 다음 다 함께 큰 소리로 외칠 때 그렇게 견고한 성이 흐물흐물 무너져 내린 것이다.

　그런데 이어서 벌어진 아이 성 전투에서는 패배했다. 승리에 도취되어 아이 성 정도는 모두가 갈 필요 없이 이삼천 병력만 참가해도 넉넉히 이길 수 있으리라고 얕보았는데 그게 아니었다. 무고한 병사만 서른여섯 명이나 죽고 퇴각해야 했다.
　하나님은 이스라엘의 패인은 이스라엘 공동체 중에 한 사람의 도적 때문이라 했다. 아간이라고 하는 자가 노획물을 개인이 가져서는 안 된다는 하나님의 뜻을 어기고 물욕에 눈이 어두워 여리고 성에서의 노획물을 훔쳤던 것이다.
　하나님은, 이스라엘 백성들이 범죄자 아간을 색출하여 그가 탐욕으로 감추어 두었던 물건들과 그의 가족과 모든 소유를 아골 골짜기로 끌고 가서 돌로 치고 불로 사른 다음 그 위에 돌무더기를 쌓았을 때 비로소 아이 성 전투에서도 승리하도록 하셨다. 죄악을 척결한 다음에 승리를 주신 것이다.
　미꾸라지 한 마리가 온 방죽을 흐린 것처럼 아간 한 사람의 범죄 때문에 온 이스라엘이 시련을 당했던 것이다.

　성경은 말씀한다.

"유대인에게나 헬라인에게나 하나님의 교회에나 거치는 자가 되지 말고 나와 같이 모든 일에 모든 사람을 기쁘게 하여 자신의 유익을 구하지 아니하고 많은 사람의 유익을 구하여 그들로 구원을 받게 하라."(고전 10:32~33)

"나 한 사람쯤이야." 하는 개인주의가 공동체 전체에 영향을 크게 끼치는 경우는 얼마든지 있다. 그러므로 우리는 우리가 속해 있는 공동체 안에서 거치는 자가 되지 말고 유익을 도모하는 사람이 되어야 할 것이다.

물고기 한 마리가 온 시냇물을 흐리게 할 수 있다면 물고기 한 마리가 온 시냇물을 맑게 할 수도 있을 것이다. 예루살렘 성이 퇴폐했을 때 하나님은 너희가 만일 정의를 행하며 진리를 구하는 자를 한 사람이라도 찾으면 내가 이 성읍을 용서하리라고 한 바 있다.(렘 5:1)

제5부
전차복철

전차복철

절영지령

조강지처

조삼모사

조장

줄탁동기

중석몰족

지피지기 백전불태

진퇴양난

천재일우

타산지석

파죽지세

학철부어

화씨지벽

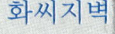

전차복철 (前車覆撤)

"선 줄로 생각하는 자는 넘어질까 조심하라." (고전 10:12)

　　전한(前漢)의 5대 황제인 문제(文帝) 때 가의(賈誼)라는 명신이 있었다. 그는 문제(文帝)가 제도를 개혁하고 바른 정치를 베풀어 역사에 어진 임금으로 이름을 남기는 데 기여한 공신이었다. 당시 그가 임금에게 상주한 이런 글이 있다.

　　"속담에 '앞 수레의 엎어진 바퀴자국[前車覆撤]은 뒤 수레를 위한 교훈[後車之戒]이란 말이 있습니다. 전 왕조인 진(秦)나라가 일찍 멸망한 까닭은 잘 알려진 일이온대, 만약 진나라가 범한 과오를 피하지 않는다면 그 전철을 밟게 될 뿐입니다. 국가의 존망의 열쇠가 실로 여기에 있사오니 통촉하옵소서."

　　문제(文帝)는 이후 국정쇄신에 힘써 마침내 태평성대를 이룩했

가화만사성 · **201**

다. 한서(漢書) 가의전(賈誼傳)에 나오는 고사(古事)다. '앞 수레가 엎어진 바퀴자국'이란 뜻으로 앞 사람의 실패를 거울삼아 주의해야 한다는 교훈을 담고 있는 말이다. 흔히 "전철(前轍)의 예(例)를 다시 밟지 말라."라는 말로 풀어 사용하기도 한다.

실로 역사는 많은 사람의 성공담과 실패담으로 엮어져 있다고 해도 과언이 아니다. 성경도 그런 관점에서 보면 역시 마찬가지다. 신앙에 성공한 사람도 많지만 실패한 사람의 얘기도 많다. 아간이나 게하시나 가룟인 유다나 사도시대의 아나니아와 삽비라 부부는 탐욕 때문에 실패한 사람들이다.

그들에게 성경은 '탐심은 우상숭배'라고 가르치고(골 3:5) '돈을 사랑함이 일만 악의 뿌리'라고 가르치며(딤전 6:10) '먹을 것과 입을 것이 있은즉 족한 줄로 알 것'이라고 가르친다.(딤전 6:8) 예수님은 "삼가 모든 탐심을 물리치라 사람의 생명이 그 소유의 넉넉한 데 있지 아니하니라."라고 말씀하셨다.(눅 12:15) 과연 욕심이 잉태한 즉 죄를 낳고 죄가 장성한 즉 사망을 낳게 되는 것이다.(약 1:15)

우리는 저들의 실패를 거울삼아 명심할 것이 있다. 믿음으로 승리한 사람이라고 온전히 순종의 삶을 산 것은 아니란 점이다.

성경에 의하면 믿음의 승리자들도 순간순간 육신의 연약함 때문에 넘어진 예가 수없이 많다.

가령 예를 들면, 노아가 홍수 이후 포도주를 먹고 취하여 벌거벗은 것을 형제들에게 알렸다는 이유로 자식인 함을 저주한 일이라든지(창 9:20~25) 아브라함이 애굽 여인 하갈을 통하여 이스마엘을 낳은 것은 순간적으로 실수했거나 하나님의 약속을 의심한 연유가 아니겠는가.(창 16:1~4)

모세가 가데스에서 반석에게 명하여 물을 내라는 하나님의 말씀을 어기고 지팡이로 두 번이나 쳐서 물을 낸 일은 그가 가나안 땅에 들어갈 수 없는 결정적인 실수가 되었다.(민 20:7~12) 사무엘이 방탕한 자식을 둔 일이 백성들로 하여금 왕을 세우게 해 달라는 빌미를 제공했고(삼상 8:1~5) 다윗이 부하 장수 우리아의 아내를 범한 것은 순간적인 정욕을 절제치 못한 일이고(삼하 11:2~4) 인구조사를 한 것은 잠시 교만했기 때문이었다.(삼하 24:1~2)

그 외에도 얼마나 많은 사람들이 실수의 족적을 남겼는가. 이런 일들이 우리에게 범사에 조심하고 특별히 "선 줄로 생각하는 자는 넘어질까 조심하라."(고전 10:12)라는 교훈을 주고 있는 것이다.

그럼에도 불구하고 앞 사람의 실패를 그대로 답습한다면 어리석은 일이 아닐 수 없다. 바른 인생을 살겠다는 의지가 없는 사람의 행위다. 실로 바르게 살겠다는 의지가 있고 나아가서 하나님으로부터 인정받는 사람이 되겠다는 마음이 있다면 옛 사람의 실패를 되풀이하는 우는 범치 않을 것이다. 모름지기 우리는 승리자의 훌륭한 점을 본받고 실패자의 실패를 면밀히 분석하여 삼가 조심하는 사람이 되어야 할 것이다.

절영지령 (絕纓之令)

"너희가 만일 너희를 사랑하는 자만을 사랑하면 칭찬 받을 것이 무엇이냐 죄인들도 사랑하는 자는 사랑하느니라."(눅 6:32)

중국 초(楚)나라의 장왕(莊王)이 어느 날 전쟁에 승리하고 그동안 생사를 같이한 여러 문무 대신들을 위로하기 위해서 운치 있는 누각(樓閣)에서 연회를 베풀었다. 밤이라 촛불을 여러 곳에 켜 놓았는데 임금 옆에는 장왕(莊王)이 총애하는 미희(美姬)가 앉아 있었다.

밤은 깊어 가고 연회도 무르익어 갔다. 참석한 모든 대신들도 받아 마신 술기운으로 어느 정도 취기가 올라 있었다. 그런데 갑자기 광풍(狂風)이 불면서 누각을 밝히던 촛불을 모두 꺼버리는 게 아닌가. 순식간에 사방은 캄캄해졌고 누가 누군지 서로를 알아볼 수 없는 상태가 되었다.

이때 갑자기 임금 옆에 앉아 있던 미희(美姬)가 소리를 질렀다. "폐하, 지금 어떤 사람이 저에게 무례한 짓을 하려고 했습니다.

제가 재빨리 그의 갓끈을 뜯어 가지고 있으니 빨리 불을 켜십시오!"

사방이 조용해졌다. 어느 누구도 입을 열 만한 처지가 못 되었다. 미희로부터 갓끈을 뜯긴 사람은 틀림없는 범인이다. 감히 어느 누가 임금이 총애하는 미희에게 무례한 짓을 할 수 있었을까? 당장 불을 밝히고 그 무례한 놈의 목을 벨 수도 있는 긴장된 순간이었다. 그때였다.

"불을 켜지 말라!"

어둠을 가르며 장왕(莊王)의 단호한 목소리가 들려왔다. 그리고 그는 신하들에게 명령을 내렸다.

"지금 각자 자기의 갓끈을 끊어서 버려라! 한 사람이라도 이 명령을 어기면 엄벌에 처하겠다."

그래서 절영지령(絕纓之令)이라는 말은 '갓끈을 끊어 버리라는 명령'이라는 뜻이다.

왕의 이 지엄한 명령을 누가 어길 수 있었겠는가? 모든 신하는 스스로 자기의 갓끈을 끊어서 버렸다. 그러고 나서 불을 켜도록 했다. 이제 그 연회에 참석해 있는 모든 신하는 하나같이 갓끈이 끊어져 있었다. 누가 감히 장왕의 미희에게 불손한 행동을 했는지 자신 외에는 아무도 모르게 되었다.

그리고 세월이 흘렀다. 이번에는 장왕에게도 위기가 찾아왔다. 그는 전쟁에 패배했고 많은 사람이 죽고 도망을 갔다. 평소 충성스러웠던 신하들도 하나 둘 장왕을 떠났다. 그런데 그중의 하나 장웅(蔣雄)이라는 사람이 끝까지 위험을 무릅쓰고 장왕(莊王)을 따르는 것이었다. 장왕이 물었다.

"다 살기 위해서 나를 떠났는데 그대는 어찌 나를 따르는가?"

그때 장웅(蔣雄)이 말했다. "폐하! 신(臣)은 두 목숨을 사는 사람입니다. 지난날 연회 때 폐하께서 제 목숨을 살려 주셨는데 이 생명을 무엇을 위해서 아끼겠습니까?"

장왕이 위기에 처했을 때 끝까지 그를 따랐던 장웅이라는 사람, 그는 지난날 연회 때 술에 취해서 실수로 왕의 미희에게 무례한 짓을 했던 사람이었던 것이다. 그 죽을 자리에서 용서받은 장웅은 일생 자신을 너그럽게 용서해 준 장왕에게 남모르는 충성을 다하였고 그가 위기를 만나자 생명을 아끼지 않고 그를 따랐던 것이다. 과연 용서는 칼보다 강하고 지혜로웠다.

세상에서 가장 위대하고 강한 힘은 무엇일까? 사랑을 받은 자만이 그 사랑의 위대성을 알고, 용서를 받은 자만이 그 용서에 감격할 수 있다. 하나님은 세상을 사랑하셔서 독생자 예수 그리스도를 이 땅에 보내셨고 우리를 용서하시기 위해서 그를 십자가에 못 박으셨다. 우리가 자원하여 그 앞에 무릎을 꿇고 충성을 다짐하며 헌신의 삶을 살고자 하는 것은 그의 진노가 무서워서가 아니라 그의 사랑이 위대해서다.

> "너희가 만일 너희를 사랑하는 자만을 사랑하면 칭찬 받을 것이 무엇이냐 죄인들도 사랑하는 자는 사랑하느니라."(눅 6:32)

도저히 용서할 수 없는 것을 용서할 때 우리는 위대해지고 도저히 사랑할 수 없는 자를 사랑할 때 나를 위해 피를 흘리신 주님의 죽으심이 헛되지 않았음이 증명되는 게 아닐까.

糟
糠
之
妻

조강지처 (糟糠之妻)

"남편들아 아내 사랑하기를 그리스도께서 교회를 사랑하시고 그 교회를 위하여 자신을 주심 같이 하라."(엡 5:25)

후한(後漢)의 광무제(光武帝) 때 송홍(宋弘)은 감찰(監察)을 맡아 보던 대사공(大司空)의 벼슬을 하고 있었다. 그는 온후한 사람이지만 강직하였고 당당한 풍채와 덕성을 지니고 있었다.

어느 날 광무제는 미망인이 된 누나, 호양공주(湖陽公主)를 불러 신하 중에 누구를 마음에 두고 있는지 의중을 떠 보았다. 그 결과 호양공주가 송홍에게 호감을 갖고 있다는 사실을 알고 어느 날 광무제는 누나인 호양공주를 병풍 뒤에 앉혀 놓고 송홍과 이런저런 이야기를 나누다가 넌지시 이런 질문을 했다.

"흔히 고귀해지면 천할 때의 친구를 바꾸고 부유해지면 가난할 때의 아내를 버린다고 하던데 그것이 인지상정(人之常情)이 아니겠소." 미망인이 된 호양공주를 생각한 나머지 광무제는 송홍의 마음을 은근히 떠 보았던 것이다. 그러나 그의 대답은 단호했다.

 "폐하, 황공하오나 신(臣)은 '가난하고 천할 때의 친구는 잊지 말아야 하고[貧賤之交 不可忘(빈천지교 불가망)] 술재강과 겨로 끼니를 이을 만큼 구차할 때 함께 고생하던 아내는 버리지 말아야 한다.' [糟糠之妻 不下堂(조강지처 불하당)]로 들었사온데 그것이 사람의 도리라고 생각되나이다."

 후한서(後漢書) 송홍전(宋弘傳)에 나오는 고사로 조강지처(糟糠之妻)란 술재강과 겨로 끼니를 이을 만큼 구차할 때 함께 고생했던 아내를 가리키는, 우리 사회에 널리 알려진 고사성어(故事成語)다.

 오늘날에도 형편이 좋아지면 마음이 변하여 지난날 함께 고생했던 남편이나 부인을 버리는 사람이 더러 있다. 여러 가지 이유를 들어서 이혼을 하는 사람들도 늘고 있다. 요즈음은 나이가 들어 세상 떠날 날이 얼마 남지 않은 사람들도 갈라서는 경우가 많다. 흔히 말하는 황혼이혼을 하는 것이다.

 이래저래 우리 가정들이 많이 파괴되고 있다. 성격이 맞지 않는데 가정이 무슨 대수냐고 하겠지만 하나님께서는 인간이 가정을 통해서 행복하기를 원했다는 사실을 안다면 가정을 파괴하는 일은 아주 특별한 경우가 아니면 하지 말아야 할 일이다.

성경은 음행한 연고가 아니면 이혼을 허락하지 않고 있다.(마 5:32) 이혼은 당사자에게도 불행이지만 두 사람 사이에서 태어난 자녀들을 위해서도 숙고해야 할 일이고, 사회 질서가 무너져 내린다는 차원에서도 막아야 할 일이다. 더구나 형편이 지난날보다 좋아졌다고 과거에 같이 고생하던 사람을 버리고 다른 사람과 행복을 꿈꾼다는 것은 인간으로서의 도리에도 어긋나고 의리상으로도 옳지 않다.

참아야 한다. 성격이 맞지 않으면 맞추어 살려고 노력해야 한다. 사마리아의 수가 성에 살던 여인은 남편을 다섯 번이나 갈아 보았다. 그러나 그녀는 행복하지 않았다. 그가 행복할 수 있었던 것은 남편을 갈고 좋은 남편을 만나서가 아니라 예수님을 만나고 자신이 변화되었을 때였다. 상대방을 바꾸려고 하기 전에 내가 먼저 바뀌어야 한다. 세상을 바꾸기 전에 내가 바뀌어야 세상이 아름답고 내가 행복하다.

남편들이여, 아내 사랑하기를 그리스도께서 교회를 위하여 자신을 희생한 것처럼 사랑하고, 아내들이여, 자기 남편에게 복종하기를 주께 하듯 하고 존경하시라.(엡 5:22, 25, 33) 행복을 멀리서 찾지 말고 허망한 데서 찾지 말라. 하나님께서 가장 적합한 배우자를 주셨음에 감사하라. 상대방이 못나 보이면 자신을 돌아보라.

멀리 보이는 경치가 아름답고 배우자가 아닌 다른 사람이 멋있어 보일 수 있다. 그러나 우리 속담에는 "빛 좋은 개살구"라는 말이 있지 않은가. 가까이 다가가 보면 거기가 거기이고 깊이 알면 실망하게 된다.

하늘의 복을 받을 수 있는 자격자는 의리를 귀하게 여기는 사람이요, 내 곁에 행복이 와 있음을 깨닫고 가정과 아내를 소중히 여기는 사람이다. 성경은 "네가 젊어서 취한 아내를 즐거워하라."(잠 5:18)라고 했다.

조삼모사 (朝三暮四)

"여호와 하나님은 해요 방패이시라 여호와께서 은혜와 영화를 주시며 정직하게 행하는 자에게 좋은 것을 아끼지 아니하실 것임이니이다."
(시 84:11)

송(宋)나라에 저공(狙公)이라는 사람이 있었다. 그는 많은 원숭이를 기르고 있었는데 가족의 양식까지 퍼다 먹일 정도로 원숭이를 좋아했다. 그래서 원숭이들은 저공(狙公)을 따랐고 저공의 마음까지도 알 정도였다.

그런데 워낙 많은 원숭이를 기르다 보니 먹이를 대는 일이 날로 어려워졌다. 그래서 저공은 궁여지책으로 원숭이에게 나누어줄 먹이를 줄이기로 했다. 그러나 먹이를 줄인다고 하면 원숭이들이 어떻게 나오겠는가? 자기를 싫어할 것이라는 생각에 그는 원숭이들을 속이기로 했다. 그래서 우선 이렇게 말했다.

"너희들에게 나누어 주는 도토리를 앞으로는 '아침에 세 개, 저녁에 네 개씩(朝三暮四)' 줄 생각인데 어떠냐?"

그러자 원숭이들이 하나같이 화를 냈다. 아침에 도토리 세 개로는 배가 고프다는 불만이었다. 저공은 됐다 싶어 이번에는 "그럼 아침에 네 개, 저녁에 세 개씩(朝四暮三) 주마."라고 말했다.

그러자 원숭이들은 모두 기뻐했다는 것인데 이는 『열자(列子) 황제편(黃帝篇)』과 『장자(莊子) 제물론(齊物論)』에 나오는 고사(故事)로 간사한 잔꾀로 남을 속임을 나타내거나 당장 눈앞의 차별만을 알고 그 결과가 같음을 모르는 어리석음을 나타낼 때 비유로 쓰이는 말이다.

속임수 즉 거짓말은 가장 역사가 오래된 죄악임에도 거짓이 난무하는 오늘날의 세상에서는 별로 큰 죄가 되지 않는 것으로 여겨지기도 한다. 오히려 어떤 거짓말은 '선의의 거짓말'이라는 말로 미화되기도 한다.

예수님은 어느 날 당신의 말씀을 듣지 않고 거역하는 유대인들을 향해서 이렇게 책망한 일이 있다.

"너희는 너희 아비 마귀에게서 났으니 너희 아비의 욕심대로 너희도 행하고자 하느니라 그는 처음부터 살인한 자요 진리가 그 속에 없으므로 진리에 서지 못하고 거짓을 말할 때마다 제 것으로 말하나니 이는 그가 거짓말쟁이요 거짓

의 아비가 되었음이라."(요 8:44)

거짓말의 원흉이 에덴 동산에 찾아와 선악을 알게 하는 나무의 실과를 먹어도 죽지 않을 뿐 아니라 눈이 밝아져 하나님과 같이 되어 선악을 알게 될 것이라고 하와를 유혹한 뱀이었음을 말씀한 것이다. 그만큼 거짓말은 그 뿌리가 깊다.

그러나 음흉하고 간사하게 남을 속인 사기(詐欺)나 속임수가 얼마나 오래 갈 것이며 끝까지 성공할 수 있겠는가. 아버지의 왕위를 찬탈하기 위하여 사람들의 마음을 도적질했던 다윗의 아들 압살롬(삼하 15:6)이 성공하는 것 같았지만 결국 비참하게 죽었고, 물질의 욕심을 버리지 못하고 명예를 탐했던 초대교회 당시의 아나니아와 삽비라 부부는 땅을 팔아 그 값의 일부를 감추고 나머지를 베드로에게 바치면서 전부인 양 거짓된 행동을 했을 때 죽임을 당했다.

"어찌하여 사탄이 네 마음에 가득하여 네가 성령을 속이고 땅값 얼마를 감추었느냐 …… 사람에게 거짓말한 것이 아니요 하나님께로다."(행 5:3~4)라는 베드로의 책망을 듣고 그들은 죽었다.

가만히 들어와 진리를 왜곡하고 영혼을 사냥하는 이단자들은 또 얼마나 많은가. 오늘날 혼탁한 우리 사회에는 진실 되고 정직하면 오히려 살기 힘들다는 잘못된 생각을 가진 사람들이 더러 있다. 세상을 혼탁하게 만들기 위해 거짓의 아비 마귀가 뿌려 놓은 사상인 것이다. 이 오염된 사상에 편승하여 슬슬 남을 속여서 이득을 취하려 한다면 그 거짓된 수명이 얼마나 갈까? 그 사람은 곧 사람들로부터 신뢰를 잃고 외면당할 뿐 아니라 마침내는 하나님께 버림을 받을 것이다. 성경은 거짓말하는 자들이 불과 유황으로 타는 못에 참예할 것이며(계 21:8) 성 밖에 있을 것이라 했다.(계 22:15)

그러나 진실은 빛의 열매다.(엡 5:9) 정직한 자들이 주의 앞에서 살며(시 140:13) 주의 얼굴을 뵈옵고 그의 후손이 복을 받는다. 성경이 말씀한다.

"여호와 하나님은 해요 방패이시라 여호와께서 은혜와 영화를 주시며 정직하게 행하는 자에게 좋은 것을 아끼지 아니하실 것임이니이다."(시 84:11)

신앙인의 생명은 진실과 정직이다. 궁극적으로 진실이 승리하고 정직한 자가 성공한다는 것이 성경이 말씀하는 진리다.

조장(助長)

"내가 여호와를 기다리고 기다렸더니 귀를 기울이사 나의 부르짖음을 들으셨도다."(시 40:1)

　조장(助長)이란 말은 오늘날 '무슨 일을 도와서 더 자라게 한다' 든지 '힘을 돋우어 준다' 는 의미로 쓰인다. 그러나 본래는 "빨리 성사시키려다 오히려 해(害)를 가져온다."라는 뜻으로 쓰인 말이다.

　맹자(孟子) 공손추 상편(公孫丑 上篇)에 나오는 이야기다. 송(宋)나라의 어떤 사람이 벼 싹이 빨리 자라지 않는 것이 안타까워 싹을 모두 뽑아 올려놓고 피곤한 모습으로 집으로 돌아와 가족에게 말했다. "내가 오늘 지쳤다. 나는 싹이 자라는 것을 도와주었다." 이 말을 듣고 그의 아들이 들로 뛰어나가 보니 싹이 모두 말라 죽었더라는 것이다.

　이 고사(故事)는 순리를 어기고 목적만 빨리 이루고자 수고하면 오히려 해롭고 잘못되는 경우가 있음을 교훈하고 있다. 진정 인간 만사에는 많은 부분 조급하게 서두르기보다는 참고 기다려야 하는 경우가 있다.

성경은 "천하의 범사가 기한이 있고 모든 목적이 이룰 때"가 있다고 말씀하고 있다.(전 3:1) 진정한 농부라면 싹이 빨리 자라지 않는다고 뽑아 올리지 않고 땅에서 나는 귀한 열매를 바라며 길이 참아 이른 비와 늦은 비를 기다릴 것이다.(약 5:7)

그렇다. 목적을 가지고 일하며 수고하는 사람은 열심이 필요하지만 기다릴 줄도 알아야 한다. 왜냐하면 일을 행하는 여호와, 그것을 지어 성취하는 여호와(렘 33:2)께서는 우리에게 은혜를 베푸시기 위해서도 기다리시기 때문이다.(사 30:18) 그러므로 우리는 어떤 일이 우리의 마음대로 관철되지 않는다고 불평하고 원망하거나 낙심할 것이 아니라 많은 부분 참고 기다려야 한다.(시 37:7)

요셉은 어렸을 때 하나님으로부터 꿈으로 계시를 받았는데 형들의 시기로 애굽으로 팔려가 종살이, 감옥살이를 해야 했다. 그러나 무려 14년 동안이나 참고 기다린 결과 애굽의 국무총리가 될 수 있었다.

다윗은 선지자 사무엘로부터 기름 부음을 받았다. 장차 이스라엘의 왕이 되기 위한 것이었다. 그러나 기름 부음을 받고 즉시 왕이 된 것이 아니다. 수많은 세월을 사울 왕에게 쫓겨 다녀야 했다. 오히려 그에게는 사울 왕을 죽일 수 있는 기회가 여러 번 찾아왔지만 하나님께서 세운 종을 해할 수 없다는 신앙 때문에 참으면서 기다렸다. 결국 사울 왕은 블레셋과의 전쟁에서 패하여 죽고 다윗은 그 뒤를 이어 왕이 되었다.

그러나 세상에는 하나님의 약속을 받고도 기다리지 못하고 인간적인 방법으로 목적을 성취하려다가 실패한 경우도 많다. 사라가 자기의 몸종인 하갈을 남편인 아브라함에게 주어서 이스마엘을 낳은 것은 대표적인 예가 될 것이다. 그렇게 태어난 자식 때문에 가정의 불화는 말할 것 없고 오늘날까지 민족적 갈등이 줄기차게 이어져 오고 있지 않은가.

우리는 모든 일이 하나님의 섭리 안에서 이루어진다는 것을 믿을진대 기도하면서 기다려야 할 것이다. 다윗은 고백했다.

"내가 여호와를 기다리고 기다렸더니 귀를 기울이사 나의

부르짖음을 들으셨도다."(시 40:1)

물론 기다린다는 것은 무작정 참고 견디는 것만을 의미하지 않는다. 그 일을 이루시는 것은 하나님이시지만 그 일을 이루기까지 기도하는 것은 우리의 몫이다. 승천하시기 전에 예수님은 사도들에게 "예루살렘을 떠나지 말고 내게 들은 바 아버지의 약속하신 것을 기다리라."라고 분부했었다.(행 1:4) 이 분부를 받은 제자들이 다락방에 모여 기도하며 기다리던 중에 성령이 임했다. 오순절 때였다.

성경은 또한 "사람이 무엇으로 심든지 그대로 거두리라."라고 말씀하시면서 "우리가 선을 행하되 낙심하지 말지니 포기하지 아니하면 때가 이르매 거두리라."라고 했다.(갈 6:7, 9) 일하면서 기다리라는 뜻이 아닌가.

심지 않고 거두려 하는 생각도 잘못이지만 아무 일도 하지 않으면서 기다리기만 하는 것도 어리석은 짓이다. 목적이 있다면 기다려야 하고 그 꿈을 실현하기 위해서는 부단히 심어야 한다. 알고 보면 억지로 되는 일은 없다.

줄탁동기 (啐啄同機)

"빌립이 달려가서 선지자 이사야의 글 읽는 것을 듣고 말하되 읽는 것을 깨닫느냐 대답하되 지도해 주는 사람이 없으니 어찌 깨달을 수 있느냐 하고 빌립을 청하여 수레에 올라 같이 앉으라 하니라."(행 8: 30~31)

초대 예루살렘 교회의 최초 일곱 집사 중의 한 사람이었던 빌립은 동료 집사였던 스데반의 순교 직후 극심해진 유대인들의 핍박을 피하여 사마리아로 건너갔다. 그는 그곳에서 복음을 전하기 시작했는데 성령의 역사는 그로 하여금 드디어 사마리아 성을 복음으로 정복하도록 만들었다.

그러던 어느 날 빌립은 "일어나서 남쪽으로 향하여 예루살렘에서 가사로 내려가는 길까지 가라."라는 주의 사자의 지시를 받았다.(행 8:26) 주의 사자가 지시한 곳은 광야요, 무인지경이었다. 그러나 빌립이 그 지시에 순종하여 즉시 그곳에 당도했을 때 거기에는 뜻밖에 아프리카 에티오피아 여왕 간다게의 모든 국고를 맡은 관리인 내시가 마차를 타고 지나고 있었다. 그는 이방인이었지만 예루살렘에 예배하러 왔다 돌아가는 길이었고 마침 이사야서를 읽고 있었다.

빌립은 주의 사자의 지시로 그에게 접근하여 성경을 해석해 주었을 뿐 아니라 그리스도 되신 예수를 증거하고 그에게 세례까지 베푼 뒤 헤어졌다.(행 8장 참고)

우리는 에티오피아의 모든 국고를 맡은 관리인 내시가 고향으로 돌아가 어떤 활동을 했는지 모른다. 그러나 에티오피아가 아프리카에서는 유일하게 기독교 국가로 내려왔다는 사실과 연관을 시킨다면 지나친 비약이 될까?

하나님은 촌치의 착오를 일으키지 않는 분이셨다. 빌립이 광야 길로 나아가라는 지시를 받고도 불순종했거나 주춤했더라면 마차를 타고 내려가는 에티오피아의 국고를 맡았던 관리인 내시를 만날 수 있었겠는가?

하나님은 전도의 열정을 가진 빌립과 구도(求道) 열에 불타는 에티오피아의 국고 맡은 관리인 내시를 정확한 시간에 가사의 광야에서 만나게 하심으로 역사를 일으키셨다.

계란의 부화과정에서 시간이 되어 병아리가 껍질을 부수고 나오려고 쪼는 것을 '줄'이라 하고 어미 닭이 그때를 포착하여

밖에서 쪼아 주는 것을 '탁'(啄)이라 한다. 이 기회를 안과 밖에서 동시(同時)에 포착하지 못하면 계란 속의 병아리는 숨이 막혀 죽는다. 벽암록(碧巖錄)에 나오는 말이다.

왜 우리는 오늘 이 시대에 태어나서 주님의 제자로 살아가고 있을까? 촌치의 착오가 없으신 분이 무작정 태어나게 하셨을 리도 없고 우연히 주님의 제자로 만드시지도 않았을 것이다.

사명을 새롭게 하고 사방을 둘러보자. 복음을 모르기에 구원의 길을 외면하고 가는 저 수많은 사람들의 모습이 껍질을 부수고 밖으로 나오려고 쪼아 대는 부화 직전의 병아리 같은 모습으로 보이지 않는가? 밖에서 껍질을 쪼아 줄 책임이 우리에게 있다.

중석몰족 (中石沒鏃)

"마음을 다하고 성품을 다하고 힘을 다하여 하나님 여호와를 사랑하라."
(신 6:5)

　전한(前漢)시대의 이광(李廣)이라고 하는 사람은 말을 잘 타고 활을 잘 쏘는 용장이었다. 그는 어느 날 황혼 녘에 초원을 지나다가 어둠 속에서 몸을 웅크리고 자신을 노려보는 호랑이 한 마리를 발견했다. 그는 순간적으로 위험을 감지하고 활을 들어 시위를 팽팽히 잡아당겼다. 잘못 실수라도 하여 일발필살(一發必殺)하지 못한다면 그 다음은 호랑이의 공격에 자신이 위험한 찰라였다.

　그는 정신을 모아서 화살을 쏘았다. 과연 명궁답게 그의 화살은 호랑이를 명중했다. 그는 화살을 맞고 꼼짝 못하는 호랑이 앞으로 다가가 보았다. 아, 그런데 그것은 호랑이가 아니라 호랑이 모양을 한 바위가 아닌가! 바위에 화살이 박혀 있는 것이었다.

바위에 화살이 박히다니, 그는 너무 신기해서 원래 제자리로 돌아와서 다시 쏘아보았다. 그러나 정신이 모아지지 않은 화살은 돌에 명중하는 순간 튀어 오를 뿐이었다.

이후로 정신을 집중하여 쏜 화살이 돌에도 박혔다 하여 중석몰족(中石沒鏃)이라는 말이 생겨났다. 정신을 집중하고 전력을 다하면 무슨 일이라도 해낼 수 있다고 하지 않는가[精神一到何事不成(정신일도하사불성)].

그렇다. 정신을 집중해서 하면 못 이룰 일이 없다. 하나님을 섬기는 일도 마찬가지다. 성경은 우리에게 "마음을 다하고 성품을 다하고 힘을 다하여 하나님 여호와를 사랑하라."라고 가르친다.(신 6:5)

히스기야 왕은 죽을병이 들었을 때 "내가 주 앞에서 진실과 전심으로 행하며 주의 목전에서 선하게 행한 것을 기억하옵소서." 하고 기도할 때 생명을 15년 연장 받을 수 있었다.(사 38:3) 그의 전심으로 하나님을 섬긴 것과 전심으로 드린 기도는 역사하는 힘이 많았던 것이다.(약 5:16하)

흔히들 사람이 무슨 일에 열중하면 그 일에 '미쳤다'고 표현한다. 지나치게 열심을 낸다는 의미지만 그러나 미쳤다는 소리를 듣지 않고 성공하기란 어렵다. 공부에 미친 사람은 반드시 공부를 잘한다. 사업에 미친 사람은 사업을 잘하고 예술에 미친 사람은 대작(大作)을 만들어 낼 수 있다. 그들은 자기가 하는 일에 집중하고 전력투구를 한 것이다.

예수님의 열심과 집중력을 보라. 죄인을 구원하는 일에 전 생애를 걸었다. 하늘 보좌를 버리고 이 땅에 오셔서 미쳤다는 소리를 들으면서까지 사역을 감당했고 결국은 십자가에 달려 죽기까지 했다. 집념의 사람이었다. 주님의 그 집념과 은혜를 안다면 우리도 정신을 집중하여 주를 섬겨야 하지 않겠는가. 승리도, 성공도, 축복도, 은사도 거기에서 나올 것이다. 정신을 집중하여 쏜 화살이 바위도 뚫었다고 하지 않는가.

지피지기 백전불태 (知彼知己 百戰不殆)

"나는 선한 싸움을 싸우고 나의 달려갈 길을 마치고 믿음을 지켰으니 이제 후로는 나를 위하여 의의 면류관이 예비되었으므로 주 곧 의로우신 재판장이 그날에 내게 주실 것이며 내게만 아니라 주의 나타나심을 사모하는 모든 자에게니라". (딤후 4:7~8)

"적과 아군의 실정(實情)을 잘 비교, 검토한 후 승산이 있을 때 싸운다면 백 번을 싸워도 결코 위태롭지 아니하다. 그러나 적의 실정을 모른 채 아군의 실정만 알고 싸운다면 승패의 확률은 반반이다. 또 적의 실정은 물론 아군의 실정도 모르고 싸운다면 만 번에 한 번도 이길 가망이 없다."

춘추시대, 오왕(吳王) 합려(闔閭)의 패업을 도운 손무(孫武)는 병법의 시조라 부른다. 그가 쓴 병법서 『손자』(孫子)의 모공편(謀攻篇)에 나오는 말이다. 상대를 알고 나를 알면 백 번 싸워도 위태롭지 않다는 것이다.[知彼知己 百戰不殆]

선량한 사람이라면 전쟁을 좋아할 리가 없다. 그럼에도 이

가화만사성 • *227*

세상에서는 전쟁을 피할 수 없는 걸까? 사람들의 욕심 때문에 전쟁이 끊임없이 일어나고 있다. 그런가 하면 그런 물리적인 전쟁보다 더 치열한 전쟁이 있다. 영적 전쟁이다. 성경은 "우리의 씨름은 혈과 육을 상대하는 것이 아니요 통치자들과 권세들과 이 어둠의 세상 주관자들과 하늘에 있는 악의 영들을 상대함이라."라고 했다.(엡 6:12) 사탄은 우리를 파멸시키려고 늘 엿보고 있는 것이다. 우리가 잠들어 있는 시간에도 공작을 하고 있다.

그러므로 우리는 잠시라도 경계를 늦출 수 없는 것이고 정신이 이완되거나 영적 잠을 자서는 안 된다. 영적 무장을 해야 한다. 성경은 우리가 마귀의 간계를 능히 대적하기 위하여 하나님의 전신갑주를 입을 것을 권면하고(엡 6:11) 구체적으로 이렇게 말씀하고 있다. 영적 무장을 단단히 하라는 것이다.

> "서서 진리로 너희 허리띠를 띠고 의의 호심경을 붙이고 평안의 복음이 준비한 것으로 신을 신고 모든 것 위에 믿음의 방패를 가지고 이로써 능히 악한 자의 모든 불화살을 소멸하고 구원의 투구와 성령의 검 곧 하나님의 말씀을 가지라."(엡 6:14~17)

그러나 무엇보다 승리를 위해서는 적을 알고 또한 나 자신을 알아야 한다. 내가 얼마나 연약한 존재이며 공중권세를 잡은 사탄이 얼마나 지혜롭고 간교한가를 알아야 한다. 우리의 지혜나 힘으로 그것들을 이길 수 없음을 알아야 한다. 실로 우리의 힘으로 우리는 사탄을 이길 수 없는 것이다.

그렇다면 어떻게 해야 하는가? 그냥 속수무책으로 패배하여 사탄의 수하에 들어가야 하는가? 그리고 그들이 망할 때 함께 멸망당해야 하는가?

아니다. 우리에게는 우리 주 예수 그리스도로 말미암아 우리에게 승리를 주시는 하나님이 계시다.(고전 15:57) 세상을 이기신 주님은 우리에게 담대하라고 권하신다.(요 16:33) 주님은 우리로 하여금 승리케 하시기 위해서 친히 십자가를 지시고 죽으셨다가 부활하심으로 사망권세를 이기신 분이다. 불의와 거짓과 미움을 이기신 분이요, 약한 자들을 택하여 지혜 있는 자들을 부끄럽게 하시는 분이다. 소년 다윗은 여호와의 이름으로 나아가서 칼과 창과 단창으로 무장한 골리앗을 넉넉히 이겼지 않은가.

주님을 의지해야 한다. 그분은 항상 우리 곁에 계신다. 그분을 의지하며 믿음으로 살아야 한다. 그것이 선한 싸움에서 승리하는 비결이다. 패배가 얼마나 처절한 것인가를 알고 반드시 승리해야 한다. 사도 바울은 말년에 이런 고백을 했다.

"나는 선한 싸움을 싸우고 나의 달려갈 길을 마치고 믿음을 지켰으니 이제 후로는 나를 위하여 의의 면류관이 예비되었으므로 주 곧 의로우신 재판장이 그날에 내게 주실 것이며 내게만 아니라 주의 나타나심을 사모하는 모든 자에게니라". (딤후 4:7~8)

승리의 개가이다. 예수 그리스도 안에서 언제나 승리케 하시는 하나님께 감사하자. 늘 찬양하자!

진퇴양난 (進退兩難)

"너희는 두려워하지 말고 가만히 서서 여호와께서 오늘 너희를 위하여 행하시는 구원을 보라 너희가 오늘 본 애굽 사람을 영원히 다시 보지 아니하리라."(출 14:13)

430년 동안이나 애굽에서 노예살이 하던 이스라엘 민족. 그들이 드디어 모세의 영도를 받으며 애굽을 나왔다. 그리고 그들은 친절하신 하나님의 인도로 젖과 꿀이 흐르는 약속의 땅, 가나안을 향하여 걸음을 옮겨야 했다.

한 번도 애굽 땅 밖을 나와 본 일이 없는, 그리하여 방향조차 분간하지 못하는 그들에게 하나님은 낮에는 구름기둥, 밤에는 불기둥으로 길을 인도했다. 불기둥, 구름기둥이 앞서 가면 따라가고 멈추면 그 자리에 서서 장막을 치고 쉬면 되었다.(출 13:21~22) 얼마나 안심이 되었겠는가.

그러나 그들이 도착한 곳은 전혀 뜻밖의 곳이었다. 하나님의 불기둥과 구름기둥의 인도를 받고 도착한 곳은 비하히롯 앞 곧 홍해 바다 앞이었다. 홍해의 물결이 도도히 흐르는 그 앞에서 도대체 어떻게 하란 말인가!

한편 이스라엘을 내보낸 애굽의 바로가 받은 정보는 마치 이스라엘이 광야에서 길을 잃어버리고 홍해 앞에서 방황하는 모습으로 비칠 수밖에 없었다. 그렇다면 길이 노예로 부려먹으려고 억지를 부리다가 하나님의 간섭으로 재앙만 당하고 이스라엘의 출애굽을 허락할 수밖에 없었던 바로의 그 불편한 심기로는 지금이야말로 복수의 기회라고 생각했을 것이다. 무장을 하고 이스라엘을 추격하게 했다.

이제 이스라엘은 앞으로 나아갈 수도, 그렇다고 뒤로 물러설 수도 없는 상황이 되었다. 앞에는 홍해가 가로질러 흐르고 뒤에는 중무장한 애굽의 군사가 추격하고 있다. 이런 상황을 진퇴양난이라 해야 하지 않겠는가.

정말 이런 때는 어떻게 해야 하는가? 이스라엘 백성들은 모세에게 두려움과 원망을 노골적으로 표출했다.
"애굽에 매장지가 없어서 당신이 우리를 이끌어내어 이 광야에서 죽게 하느냐 어찌하여 당신이 우리를 애굽에서 이끌어내어 우리에게 이같이 하느냐 우리가 애굽에서 당신에게 이른 말이 이것이 아니냐 이르기를 우리를 내버려두라 우리가 애굽 사람을 섬길 것이라 하지 아니하더냐 애굽 사람을 섬기는 것이 광야에서 죽는 것보다 낫겠노라."(출 14:11~12)

그러나 모세는 하나님께만 부르짖었고 하나님의 지시대로 백성들에게 말했다.

"너희는 두려워하지 말고 가만히 서서 여호와께서 오늘 너희를 위하여 행하시는 구원을 보라 너희가 오늘 본 애굽 사람을 영원히 다시 보지 아니하리라."(출 14:13)

모세가 하나님의 명령을 따라 백성들을 바다로 나아가게 하고 지팡이를 들고 손을 바다 위로 내밀 때 바다는 갈라지고 그 가운데로 육지가 생겼다. 도도히 흐르던 홍해가 갈라졌다. 이스라엘이 홍해를 다 건너는 동안 하나님의 구름기둥은 뒤로 옮겨져 흑암으로 애굽의 군사를 어지럽게 하시며 접근을 막아 주었다. 이스라엘 백성들이 모두 홍해를 건넜을 때 바다는 다시 흐르게 되고 추격하던 애굽의 군사들은 모조리 수장되고 말았다.

이 상황을 목격하고 하나님의 기적을 체험한 이스라엘 백성들은 언덕에 올라 소리 높여 하나님을 찬양하지 않을 수 없었다.

"내가 여호와를 찬송하리니 그는 높고 영화로우심이요 말과 그 탄 자를 바다에 던지셨음이로다 여호와는 나의 힘이요 노래시며 나의 구원이시로다 그는 나의 하나님이시니 내가 그를 찬송할 것이요 내 아버지의 하나님이시니 내가 그를 높이리로다……"(출 15:1~21)

누구에게나 다가올 수 있는 진퇴양난의 위기. 그것은 절망하라고 허락하신 것이 아니었다. 낙담하라고 주신 것이 아니었다. 하나님만 바라보고 그 하나님께 부르짖으라고 주신 기회였고 하나님의 보호하심과 인도하심을 직접 체험하라고 주신 기회였던 것이다.

앞으로 나아갈 수도, 뒤로 물러설 수도 없는 상황, 진정 어떻게 해야 할지 모를 때에도 위로 하늘은 열려 있다. 그리고 원망과 불평의 소리보다는 신뢰하고 의지하는 간구를 듣기 원하시는 하나님께서 귀를 여시고 거기 계시는 것이다. 의인의 간구는 역사하는 힘이 크다.(약 5:16)

천재일우(千載一遇)

"내가 은혜 베풀 때에 너에게 듣고 구원의 날에 너를 도왔다 하셨으니 보라 지금은 은혜 받을 만한 때요 보라 지금은 구원의 날이로다."(고후 6:2)

중국 동진(東晉)의 학자 원굉(袁宏)은 그의 저서 『삼국명신서찬(三國名臣序贊)』에서 위(魏)나라의 강직한 신하였던 순문약(荀文若)을 찬양하는 글을 남겼는데 그중에 "千載一遇, 賢智之嘉會"(천재일우, 현지지가회)라는 말이 있다. 현군(賢君)과 명신(名臣)은 천년에 한 번 만나질 정도로 만나기가 어렵다는 뜻이다.

이후 천재일우(千載一遇)라는 말은 천년의 긴 세월 동안에도 한 번 얻을까 말까 하는 좋은 기회라는 뜻으로 좀처럼 만나기 어려운 기회를 말할 때 쓰이고 있다.

그렇다. 기회는 누구에게나 있다. 그러나 항상 있는 것은 아니다. 기회는 제자리에 멈춰 있는 것이 아니라 신속히 지나간다. 그러므로 기회를 잘 포착하여 붙잡은 사람은 성공을 일구어 내고 목적을 성취할 수 있지만, 어물어물 미루다 놓친 사람은 일생 후회와 한(恨)을 지니고 살 수도 있다.

여리고 어떤 길가에서 지나는 사람들에게 구걸하여 먹고사는 거지 바디매오는 불행스럽게 소경이기도 했다. 주로 육체 노동하는 것을 직업으로 가져야 했던 당시에는 소경이었기에 거지가 될 수밖에 없었을 것이다.

그런 그에게 어느 날 귀가 번쩍 뜨이는 소식이 들려왔다. 예수님이 이 앞을 지나가신다는 것이었다. 그렇찮아도 예수께서 많은 불치의 병자들을 고쳐 주셨다는 소문을 익히 듣고 있었던 참이었다. 그럼에도 그동안 스스로 찾아갈 수 없어 안타까웠는데 예수님이 당신 발로 직접 여기까지 오셨다니 이런 기회가 또 어디 있겠는가. 그는 소리를 질렀다.

"다윗의 자손 예수여, 나를 불쌍히 여기소서!"

사물을 볼 수 없으니 예수님이 어디쯤 계시는지 알 수 없다. 소리를 질러서라도 자신의 처지를 예수님께 알리고 도움을 청해야 했다. 그는 큰 소리로 외쳤고 그의 소리가 얼마나 컸던지

주위의 사람들이 조용히 하라고 꾸짖을 정도였다. 소경 주제에 웬 목소리는 그렇게 크냐고 멸시했는지 모른다. 그러나 바디매오는 그런 주위의 방해나 꾸지람을 들으며 의기소침할 수 없었다. "다윗의 자손이여, 나를 불쌍히 여기소서!" 하고 더 큰 소리로 외쳤다. 당신 발로 직접 찾아온 이 기회를 놓치고 주님을 만나 뵙지 못한다면 언제 다시 그런 기회가 주어지겠는가.

실제로 예수님은 그 길로 예루살렘에 올라가 체포되고 골고다 언덕에서 돌아가셨으니 그 기회를 놓쳤다면 이 세상에서 주님을 만날 기회는 없었을 것이다. 그러나 바디매오는 일생에 단 한 번 찾아온 절호의 기회를 놓치지 않음으로 예수님을 만나 눈을 뜨고 그 길로 함께 예루살렘에 올라가는 행운을 얻을 수 있었다.

모든 일에는 기한이 있고 때가 있기 마련이다. 그리고 그 때는 기회이기도 하다. 공부해야 할 때가 있다. 그 때가 공부할 기회다. 돈도 벌 때가 있다. 그 때가 돈 벌 기회다. 봉사도, 충성도 기회를 놓치면 하기 어렵다. 젊고, 건강하고, 뭔가 손에 쥐어져 있을 때가 기회요, 좋은 조건이다. 늙고 병들면 마음에는 있어도 봉사하기 어렵게 된다.

예수 믿어야 구원받는다. 그러나 항상 예수 믿을 기회가 있는 것은 아니다. 살아 있을 때까지라는 기한이 있다. 숨을 거두는 순간 아무도 예수 믿으라고 권하는 사람이 없다. 그 때는 예수 믿지 않은 사람에 대한 심판만 기다릴 뿐이다.

지금도 세월을 허송하면서, 아니면 무가치한 일에 바빠서 정말 중요한 기회를 놓치고 있는 사람은 없는가? 차일피일 미루면서 천재일우(千載一遇)의 기회를 놓치고 있는 사람은 없는가? 성경은 말씀한다.

"내가 은혜 베풀 때에 너에게 듣고 구원의 날에 너를 도왔다 하셨으니 보라 지금은 은혜 받을 만한 때요 보라 지금은 구원의 날이로다." (고후 6:2)

지금이 기회다.

타산지석 (他山之石)

"다윗을 왕으로 세우시고 증언하여 이르시되 내가 이새의 아들 다윗을 만나니 내 마음에 맞는 사람이라 내 뜻을 다 이루리라."(행 13:22)

"他山之石(타산지석) 可以攻玉(가이공옥)"
"다른 산의 돌이라도 이로써 옥을 갈 수 있네."

이 말은 시경(詩經) 소아편(小雅篇) 학명(鶴鳴)에 나오는 시편의 한 구절이다. 다른 산의 쓸모없는 돌이라도 옥(玉)을 가는 데에 소용이 된다는 말로, 이는 다른 사람의 하찮은 언행일지라도 자기의 지식이나 인격을 닦는 데에 도움이 된다는 것을 비유할 때 쓰는 말이다.

유사한 말로 반면교사(反面敎師)라는 말이 있다. 1960년대 중국의 문화혁명 때 제창되었는데 다른 사람이나 사물의 부정적인 측면에서 가르침을 얻는다는 뜻으로 사용되는 말이다.

사람은 물론이고, 세상 만물은 지혜 있는 사람의 눈으로 바라보면 모든 것이 깨우침을 준다. 그런 의미에서 세상 만물은 우리의 교사다. 세상에는 악한 것도 있고 선한 것도 있다. 아름다운 모습도 있고 추한 모습도 있다. 의롭게 살아가는 사람도 있고 불의하게 살아가는 사람도 있다. 우리는 선한 것과 아름다운 모습과 의롭게 살아가는 사람들에게서 많은 것을 배우게 된다.

그렇다고 악한 것이나 추한 모습이나 불의하게 살아가는 사람에게서 배울 것이 없는 것은 아니다. 물론 악한 것에서 악한 것을 배우고, 추한 모습에서 추한 것을 배우고, 불의하게 살아가는 사람에게서 불의하게 사는 것을 본받으면 안 된다. 그렇게 살아서는 안 된다는 것을 배워야 하는 것이다.

그런데 어리석은 사람들은 악한 것에서 악을 그대로 본받는다. 영화나 소설에서 음란과 폭력행위를 보고 그대로 따라서 한다. 불의한 것을 본받고 추한 행동을 따라서 한다. 그래서 어리석은 것이다.

특별히 감수성이 예민한 청소년들, 아직 인격이 완성되었다고 볼 수 없는 사람들에게는 그러므로 표현의 자유도 좋지만 부도덕한 표현은 삼가는 일이 더 소중할 수 있는 것이다. 그들에게는 폭력이 얼마나 나쁜 것인가, 하는 면보다 멋있게 보일 수 있는 것이다. 그러면 그 예술물은 나쁜 영향을 준 것이다. 우리 사회에는 모방범죄가 얼마나 많이 일어나고 있는가.

성경에도 악인들이 등장한다. 성경은 신화나 꾸며 낸 얘기가 아니라 역사 속에 계시된 하나님의 말씀이기 때문에 이 세상에 명멸했던 인물이 등장하지 않을 수 없는 것이다. 거기에는 그러므로 많은 부도덕한 인물이 등장한다. 우리는 그런 인물들을 타산지석(他山之石)으로 삼아야 한다. 우리는 그렇게 살아서는 안 된다는 것을 배워야 하는 것이다.

선하고 의로운 사람들도 많이 등장한다. 그러나 그런 사람이라고 해서 온전한 것은 아니다. 부지불식간에 실수도 하고 부도덕한 행동을 하고 있다. 가령 다윗 같은 사람은 얼마나 훌륭한 신앙의 인물인가. 베들레헴 목장에서 양을 치던 목동이 일약 한 나라의 왕이 되는 입지전의 인물이다. 신앙의 사람으로 하나님으로부터 "내 마음에 맞는 사람"이라는 칭찬을 받은 사람이다.(행 13:22)

그럼에도 그에게 추악한 인간의 모습이 없는 것은 아니다. 부하 장수 우리아의 처를 범한 불륜이 있고, 그 사실을 은폐하기 위해서 우리아를 적진으로 보내 죽이도록 한 불의한 모습이 있는 것이다. 하나님은 그의 신앙과 정직은 기뻐하셨지만 그의 더러운 모습은 징계했다.

우리는 이처럼 어떤 인물에게서 올바른 것은 배우지만 그릇된 모습은 본받아서는 안 된다. 타산지석으로 삼고, 반면교사로 삼아야 하는 것이다. 모든 언행을 따르고 본받아야 할 분은 예수 그리스도 한 분뿐이다.

파죽지세(破竹之勢)

"내가 하나님을 의지하였은즉 두려워하지 아니하리니 사람이 내게 어찌하리이까."(시 56:11)

　위(魏)나라의 권신(權臣) 사마염(司馬炎)은 원제(元帝)를 폐한 뒤 스스로 제위에 올라 무제(武帝)라 일컫고 국호를 진(晋)이라 했다. 이리하여 천하는 3국 중 유일하게 남아 있는 오(吳)나라와 진(晋)나라로 나뉘어 대립하게 되었는데 무제(武帝)는 진남대장군(鎭南大將軍) 두예(杜預)에게 출병을 명했다.

　두예(杜預)는 무창(武昌)을 점령하고 휘하 장수들과 오(吳)나라를 공략할 마지막 작전회의를 열었다. 이때 장수 중에는 "지금 당장 오(吳)나라의 도읍을 치기는 어렵습니다. 이제 곧 잦은 봄비로 강물은 범람할 것이고 또 언제 전염병이 발생할지 모르기 때문에 일단 철군했다가 겨울에 공격하는 것이 어떻습니까?" 하고 건의하는 자가 있었고 또 그 의견에 찬성하는 장수도 많았다. 이에 두예(杜預)는 단호하게 말했다.

"그건 안 될 말이오. 지금 아군의 사기(士氣)는 마치 대나무를 쪼개는 기세(破竹之勢)요. 대나무란 처음 두, 세 마디만 쪼개면 그 다음부터는 칼날이 닿기만 해도 저절로 쪼개지는 법인데 어찌 이런 절호의 기회를 놓친단 말이오."

두예는 곧바로 전군을 이끌고 오(吳)나라를 단숨에 공략하고 오왕(吳王) 손호(孫皓)를 항복시켜 마침내 진(晉)나라로 하여 3국 시대에 종지부를 찍고 천하를 통일토록 했다.

진서(晉書) 두예전(杜預傳)에 나오는 고사(故事)로 파죽지세(破竹之勢)란 '대나무를 쪼개는 기세'(氣勢)라는 뜻으로 '맹렬한 기세' 또는 '세력이 강대하여 적대하는 자가 없음'을 비유할 때 쓰이는 말이다.

애굽에서부터 이스라엘 백성을 이끌고 온 모세가 모압에서 죽자 그 대권은 후계자 여호수아에게 넘겨졌다. 여호수아는 이후 요단을 건너 가나안 땅을 정복해야 하는데 심적으로 매우 두려워했던 것 같다. 하나님은 그런 여호수아에게 격려를 해 주셨다.

"네 평생에 너를 능히 대적할 자가 없으리니 내가 모세와 함께 있었던 것같이 너와 함께 있을 것임이니라 내가 너를 떠나지 아니하며 버리지 아니하리니 강하고 담대하라 너는 내가 그들의 조상에게 맹세하여 그들에게 주리라 한 땅을 이 백성에게 차지하게 하리라 …… 내가 네게 명령한 것이 아니냐 강하고 담대하라 두려워하지 말며 놀라지 말라 네가 어디로 가든지 네 하나님 여호와가 너와 함께하느니라."
(수 1:5~6, 9)

이 격려를 받은 여호수아는 백성들을 이끌고 요단을 건너 여리고 성을 점령했다. 그 후 여리고 성에서 몰래 전리품을 도적질한 아간 때문에 다음 전쟁인 아이 성에서 한 번 패한 일이 있지만 아간을 색출하여 아골 골짜기에서 심판을 한 다음부터 승승장구하여 여호수아가 이끄는 이스라엘은 가나안 원주민들과 싸워 이겼다.

여리고 성과 아이 성을 점령하여 가나안 중부지방에 교두보를 확보한 이스라엘을 예루살렘 왕 아도니세댁이 맹주가 되어 다섯 왕이 연합하여 대적할 때 그들과 싸워 가나안 남부지역을 확보했다.(수 10장) 이어서 북부지역의 맹주인 하솔 왕 야빈이 여러 왕들과 함께 해변의 모래처럼 많은 군사로 대적했지만 역시 그들과도 싸워 승리했다. 이때의 이스라엘 백성들의 사기는 높았고 가히 파죽지세로 가나안 대부분의 영토를 확보했다.

이 전쟁의 승리는 몇 가지 의미를 우리에게 전해 주고 있다. 첫째는, 하나님께서 이스라엘 조상들에게 약속하신 바를 이루어 주셨다는 것이요, 다음은 이스라엘이 파죽지세로 가나안 원주민을 이긴 것은 이스라엘의 병력과 무기와 전술이 좋아서가 아니라 전쟁이 하나님께 속했고(삼상 17:47) 하나님께서 이스라엘과 함께해 주셨기 때문이라는 점이다.

대적은 오늘날에도 끊임없이 교회에 도전하고 있다. 그러므로 우리는 언제나 하나님의 전신갑주로 무장해야 하고(엡 6:11) 하나님의 말씀을 굳게 붙들고 있어야 한다. 하나님은 우리 주 예수 그리스도로 말미암아 항상 우리에게 이김을 주시는 분이므로(고전 15:57) 주님이 우리와 함께하실 때 우리는 언제나 승리하게 된다.

"내가 하나님을 의지하였은즉 두려워하지 아니하리니 사람이 내게 어찌하리이까."(시 56:11)

"여호와는 내 편이시라 내가 두려워하지 아니하리니 사람이 내게 어찌할까."(시 118:6)

학철부어 (涸轍鮒魚)

> "만일 형제나 자매가 헐벗고 일용할 양식이 없는데 너희 중에 누구든지 그에게 이르되 평안히 가라 덥게 하라 배부르게 하라 하며 그 몸에 쓸 것을 주지 아니하면 무슨 이익이 있으리요 이와 같이 행함이 없는 믿음은 그 자체가 죽은 것이라."(약 2:15~17)

무위자연(無爲自然)을 주장했던 장자(莊子)는 어느 누구로부터 구속받지 않는 자유로운 생활을 즐겼다. 그러다 보니 그의 생활이 끼니조차 잇기 어려운 때가 많았다. 어느 날 장자는 굶다 못해 감하후(監河侯)를 찾아가 약간의 식대를 꿔 달라고 부탁했다. 그러자 감하후는 친구의 부탁을 딱 잘라 거절할 수가 없어 이렇게 핑계를 댔다.

"빌려 줌세. 그러나 2~3일이 지나면 식읍(食邑)에서 세금이 올라오는데 그 때 삼백 금(三百金)을 융통해 줄 테니 기다리게."

당장 배가 고파 죽을 지경인데 2~3일 뒤에 거금 3백금이 무슨 소용이 있는가. 체면 불구하고 찾아온 자기 자신에게 화가 난 장자는 친구에게 말했다. "고맙네. 하지만 그땐 아무 소용이 없네."

이어서 그는 비아냥거리며 이렇게 부연(敷衍)했다. "내가 여기 오느라고 걷고 있는데 누가 나를 부르지 않겠나. 그래서 주위를 둘러보니 수레바퀴 자국에 괸 물에 붕어가 한 마리 있더군. 왜 불렀냐고 물었더니 붕어는 당장 말라죽을 지경이니 물 몇 잔만 떠다가 살려 달라는 거야. 그래서 나는 귀찮은 나머지 이렇게 말해 주었지. '그래. 나는 2~3일 안으로 남쪽 오(吳)나라와 월(越)나라로 유세를 떠나는데 가는 길에 서강(西江)의 맑은 물을 잔뜩 길어다 줄 테니 그때까지 기다려.' 그랬더니 붕어가 화를 내며 '나는 지금 물 몇 잔만 있으면 살 수 있는데 당신이 기다리라고 하니 이젠 틀렸소. 나중에 건어물전(乾魚物廛)에서 내 시체나 찾으러 와 주시오.'라고 하더니 그만 눈을 감고 말더군. 자, 그럼 실례했네." 그리고 장자(莊子)는 친구 감하후(監河侯)를 떠났다고 한다.

'학철부어'는 '수레바퀴 자국에 괸 물에 있는 붕어'란 뜻으로 매우 위급한 경우, 또는 고단하고 옹색함을 뜻하는 말로 『장자』(莊子)에 나오는 고사성어(古事成語)다.

위기에 처해 있는 사람은 무엇보다 건져 놓고 보는 것이 원칙이다. 그만큼 생명은 존귀하고, 생명을 살리는 일은 그 어떤 이유나 조건보다도 앞서기 때문이다.

어느 날 예수님은 회당에서 안식일에 병 고치는 것이 옳으냐고 송사하는 바리새인들에게 "너희 중에 어느 사람이 양(羊) 한 마리가 있어 안식일에 구덩이에 빠졌으면 붙잡아 내지 않겠느냐."라고 하시면서 한편 손 마른 사람의 장애를 고쳐 회복시켜 주신 바 있다.(마 12:8~13)

깊은 물에 빠져 허우적거리는 사람에게 "왜 헤엄도 칠 줄 모르면서 깊은 곳까지 들어갔느냐?"라고 책망하는 것은 무의미한 일이다. 일단 그를 건져 생명을 살려 놓고 책망을 하든, 교훈을 하든 해야 할 것이다. 굶어 죽어 가는 사람에게 일하지 않으면 굶게 된다고 교육하기보다는 우선 먹을 것을 주어 살려 놓는 것이 급선무이고 목마른 사람에게 물을 주어 마시도록 하는 것이 먼저 해야 할 일이다. 우리가 때를 얻든지 못 얻든지 복음을 전해야 하는 이유는 누구에게나 생명은 존귀하고 누구에게나 구원이 시급하기 때문이다.

'선한 사마리아인의 비유'에 나오는 레위인이나 제사장이 강도 만나서 모든 것을 빼앗기고 죽어 가는 사람을 발견하고도 그냥 지나쳤다는 것은 그래서 잘못이다.(눅 10:30~37) 그들이 아무리 바쁜 일이 있었다 하더라도 그 일이 생명을 살리는 일보다 더 시급한 일이 아니기 때문이다. 야고보는 이렇게 기록하였다.

"만일 형제나 자매가 헐벗고 일용할 양식이 없는데 너희 중에 누구든지 그에게 이르되 평안히 가라 덥게 하라 배부르게 하라 하며 그 몸에 쓸 것을 주지 아니하면 무슨 이익이 있으리요 이와 같이 행함이 없는 믿음은 그 자체가 죽은 것이라."(약 2:15~17)

연민의 눈으로 우리가 주위를 살펴볼 수 있다면 거기에는 어떤 이유로든지 고난 받는 이웃들이 있다. 그들이 존재하고 있다는 것은 우리에게 핑계할 수 없는 책임이 주어져 있다는 뜻이기도 하다.

화씨지벽 (和氏之璧)

"천국은 마치 좋은 진주를 구하는 장사와 같으니 극히 값진 진주 하나를 발견하매 가서 자신의 소유를 다 팔아 그 진주를 사느니라."(마 13:45~46)

전국시대(戰國時代) 초(楚)나라에 변화씨(卞和氏)란 사람이 있었는데 그는 어느 날 산 속에서 옥(玉)의 원석을 발견했다. 그는 그 진귀한 보석을 곧바로 여왕에게 바쳤다. 그러나 그것을 받은 여왕이 보석 세공인(細工人)에게 감정을 시켜 보았더니 보통의 돌에 불과하다고 하지 않는가. 화가 난 여왕은 왕을 능멸했다는 이유로 변화씨를 월형(발뒤꿈치를 자르는 형벌)에 처했다. 여왕이 죽은 뒤 변화씨는 그 옥돌을 이번엔 무왕(武王)에게 바쳤는데 그 결과는 마찬가지였다. 역시 왕을 능멸한 죄로 왼쪽 발뒤꿈치를 잘리고 말았다.

무왕(武王)에 이어 문왕(文王)이 즉위하자 변화씨는 그 옥돌을 끌어안고 대궐문 앞에서 사흘 밤낮을 울었다. 문왕이 그 까닭을 묻고 그 옥돌을 세공인에게 맡겨 갈고 닦아 본 결과 천하에 둘도 없는 명옥(明玉)이 아닌가. 영롱한 모습을 드러낸 것이었다. 문왕은 곧 변화씨에게 많은 상을 내리고 그의 이름을 따서 그 명옥을 화씨지벽(和氏之璧)이라 명명했다. 한비자(韓非子)에 나오는 이야기로 화씨지벽(和氏之璧)이란 천하의 명옥을 가리키는 말이다.

아무리 귀중한 보배라 할지라도 그것을 이해하지 못하는 사람에게는 무용지물이 된다. 그러나 그 가치를 아는 사람은 자기의 모든 것을 팔아서라도 그것을 산다. 예수님의 천국 비유 중에 '진주 비유'가 있다. "천국은 마치 좋은 진주를 구하는 장사와 같으니 극히 값진 진주(眞珠) 하나를 발견하매 가서 자신의 소유를 다 팔아 그 진주를 사느니라."라고 했다.(마 13:45~46)

진주의 가치를 모르는 사람은 그것이 하나의 돌덩이에 불과하겠지만 그 가치를 아는 사람은 자기 소유를 다 팔아서 살 정도로 귀중한 것이다. 천국이 그런 곳이다. 그럼에도 그 가치를 모르는 사람들은 이 세상의 쾌락에 취해서 허무한 삶을 살고 있다.

사람들도 마찬가지다. 사울이 다메섹에서 부활하신 주님을 만나 변화된 뒤에도 사람들은 여전히 그를 성도를 핍박하는 위험하고 두려운 존재로만 보았다. 그러나 바나바만은 그를 알아보고 그를 데리고 사도들에게 가서 그의 변화됨을 소개하였다.(행 9:26~27)

후에 바나바는 안디옥 교회로 파송되어 그곳에 인재가 필요함을 알고 당시 다소에 칩거 중인 바울을 찾아가서 데리고 와 1년 동안 함께 가르쳤는데 부흥의 역사를 이루게 되었다.(행 11:25~26)

당시 어느 누구도 거들떠보지 않던 사람을 바나바가 그 인물됨을 알아내고 활용했을 때 바울은 기독교 역사상 가장 위대한 업적을 남긴 인물이 된 것이다.

엘리야는 엘리사를 열두 겨릿소를 앞세우고 밭을 가는 데서 찾아냈고(왕상 19:19) 디모데는 바울에게 발탁되어 그의 믿음의 아들이 되었다.

예수 그리스도도 마찬가지였다. 이스라엘 사람들은 그의 하나님 아들 되심을 거부했다. 그리고 시기로 그를 십자가에 못박아 죽였다. 배척한 것이다. 그러나 그후 그를 영접한 이방인들은 구원을 받고 은혜를 입었다.

이 사실을 후에 베드로 사도는 "그러므로 믿는 너희에게는 보배이나 믿지 아니하는 자에게는 건축자들이 버린 그 돌이 모퉁이의 머릿돌이 되고 또한 부딪히는 돌과 걸려 넘어지게 하는 바위가 되었다 하였느니라."라고 증언하였다.(벧전 2:7~8) 건축자가 버린 돌인 예수가 이방인들에게는 요긴한 모퉁이의 머릿돌이 된 것이다.(시 118:22; 마 21:42~44)

지금도 영적 소경들은 자신의 죄인 됨과 예수 그리스도의 구속주 되심을 받아들이지 않는다. 무지하여 그 가치를 모르는 것이다. 사람이 거듭나지 아니하면 하나님나라를 볼 수 없는 것이다.(요 3:3) 세상이 자기 지혜로 하나님을 알지 못하고(고전 1:21) 영적인 일은 영적인 것으로 분별되는 것이다.(고전 2:13~14)

고산(孤山) 윤선도(尹善道)의 증손인 윤두서(尹斗緖)는 이런 시조를 남겼다.

옥(玉)이 흙이 묻어 길가에 버렸으니
오는 이 가는 이 흙이라 하는고야
두어라 알 이 있을 것이니 흙인 듯이 있거라

가화만사성

펴 낸 날 1판 1쇄 2012. 2. 15

지 은 이 전종문
펴 낸 이 이환호
펴 낸 곳 도서출판 예찬사
등   록 1979. 1. 16 제302-2004-000056호
주   소 서울시 용산구 한강로2가 108-1 정우빌딩 202호
전   화 798-0147(편집) 798-0148~9(영업)
팩시밀리 798-0145
홈페이지 yechansa.com
전자우편 yechansa@yechansa.com
          yechansa7@yahoo.co.kr

I S B N 978-89-7439-381-6

* 저자와 협약하여 인지를 생략합니다.
  좋은 책은 좋은 사람을 만듭니다.
  예찬사는 기독교 출판 실천윤리강령을 준수합니다.